Inhalt

Strategieseite
Blaue Seite
Freundeseite

In der Schule

Als ihre Schule umgebaut werden sollte,
malten und zeichneten Kinder ihre Traumschule.
Ihre Ideen begeisterten den Künstler
Friedensreich Hundertwasser.
Nach seinen Plänen wurde
die Schule neu gestaltet.
Sie steht in Wittenberg.

Was ist an dieser Schule anders als an deiner?
Was findest du Besonderes an dieser Schule?
Was gefällt dir daran?
Was gefällt dir nicht?

Traumschule – Schule verändern

Auf dem Weg zu ihrer Traumschule denken Schüler über ihre Schule nach. Vieles gefällt ihnen, manches wollen sie verändern.

1 Schreibt in Stichpunkten auf, was ihr in eurer Schule gern verändern würdet! Einigt euch auf zwei Punkte und schreibt sie für die Klassenrunde gut lesbar auf Karten!

2 Tragt eure Vorschläge aus den Gruppen zusammen und stellt sie vor!

3 Überlegt: Welche Vorschläge sind sinnvoll und lassen sich umsetzen?

4 Male deine Traumschule oder baue ein Modell davon! Du kannst auch dazu schreiben!

★ Schreibe zu „Traumschule“ ein Akrostichon!

Die Schülerinnen und Schüler der Klasse 4a haben bei der Beschäftigung mit ihrer Traumschule eine Idee entwickelt. Sie schreiben einen Brief an die Schulleiterin Frau Müller, um zu fragen, ob sie diese Idee umsetzen dürfen.

Liebe Frau Müller, Prenzlau, 3.9.20…

wir von der Klasse 4a haben uns in der letzten Woche
mit Ideen für eine Traumschule beschäftigt.
Jetzt haben wir eine Frage an Sie:
Eine Gruppe hatte die Idee, in dem alten Lehrerzimmer eine Schulbibliothek einzurichten. Unsere Eltern haben uns schon ihre Unterstützung zugesagt.
Sie wollen uns Regale und Bücher überlassen.
Dürfen wir sie dort aufstellen?
Wir würden auch gern einen Aufruf an alle Eltern der Schule richten.
Wir würden uns sehr freuen, wenn wir mit Ihnen über unsere Idee sprechen könnten.

Viele Grüße

Ihre Klasse 4a

1 Lest den Brief! Was fällt euch auf?

TIPP Auf Karten und in Briefen werden die Anredepronomen **Sie**, **Ihrer**, **Ihnen**, **Ihr**, **Ihre** immer großgeschrieben.

Die Jungen und Mädchen erhalten von Frau Müller die Erlaubnis, eine Klassenbibliothek einzurichten. Sie schreiben einen Aufruf an die Eltern …

2 Schreibe den Aufruf ab!
Setze **Sie/sie**, **Ihre/ihre** richtig ein!
Achte auf den Tipp!

★ Schreibe und gestalte einen Brief oder Aufruf an Personen, die dir bei der Umsetzung deiner Ideen helfen könnten!

Sehr geehrte Eltern,
wir von der Klasse 4a sammeln
Bücher für die Schulbibliothek.
Bitte unterstützen … uns dabei!
Legen … Bücher, die … uns
überlassen wollen, in die
Kisten, die wir dafür vor …
Häuser gestellt haben!
Wir holen … am Freitag ab.
Wir bedanken uns für … Hilfe.
… Klasse 4a

Früher war alles anders

Benni liest im Museumsführer des Schulmuseums:

Schule um 1900
Das neue Schuljahr begann immer nach Ostern. In eine Klasse gingen oft mehr als 60 Kinder. Betrat der Lehrer den Klassenraum, standen alle Schüler auf und zeigten ihre sauberen Hände und Taschentücher. Jeden Befehl des Lehrers führten sie geräuschlos aus. Die Lehrer waren sehr streng. Unartige Kinder schlugen sie mit dem Rohrstock oder stellten sie in eine Ecke. Damals schrieben die Schüler mit Griffeln auf Schiefertafeln. Mit einem Schwämmchen löschten sie Falsches weg. Antworten auf die Fragen des Lehrers gaben die Kinder im Chor.

1 Lest den Text! Was findet ihr besonders interessant?

2 Schreibe aus dem Text fünf Unterschiede zur Schule heute auf!

Früher war es so:	Heute ist es so:
Das Schuljahr begann …	Das Schuljahr beginnt …

Erinnere dich:
Verben können in verschiedenen **Zeitformen** stehen.
Gegenwart (Präsens): *Das Schuljahr **beginnt**.*
Vergangenheit (Präteritum): *Das Schuljahr **begann**.*
Manche Verben haben im **Präteritum** einen anderen Wortstamm als im **Präsens**.

3 Schreibe die Verbformen aus deinen Sätzen so auf:

Präteritum	Präsens	Grundform
es begann	es beginnt	beginnen

★ Erkundige dich bei deinen Eltern oder Großeltern über Schule früher! Schreibe dazu einige Sätze im Präteritum auf!

Benni erzählt seiner Mutter vom Besuch im Schulmuseum.

Der Museumsführer **hat** uns alles **gezeigt**.
Zuerst **haben** wir das alte Klassenzimmer **besichtigt**.
Auf dem Pult **hat** noch ein Rohrstock **gelegen**.
Wir **haben** die alten Holzbänke **ausprobiert**.

1 Schreibe die farbigen Verbformen heraus! Was fällt dir auf?
So ist es gewesen: er hat gezeigt, …

2 Benni erzählt weiter. Setze die Verbformen richtig ein!

„Später sind wir in die Wohnung des Lehrers gegangen.
Er hat (~~haben~~) in der Schule (~~wohnen~~). gewohnt.
Auf dem Tisch hat (~~haben~~) noch eine Schiefertafel (~~legen~~). gelegen.
Manchen Schülern hat (~~haben~~) der Lehrer Nachhilfe (~~geben~~). gegeben.
Sie (haben) ihre Aufgaben sehr sauber auf die Tafeln (~~schreiben~~). geschrieben.
Bei Fehlern hat (~~haben~~) der Lehrer sie hart (~~bestrafen~~).“ bestraft.

3 Setze die Verben aus Aufgabe 2 in das Präsens und das Präteritum!
Schreibe so: *wir sind gegangen, wir gehen, wir gingen, …*

★ Erkundige dich, wo es in deiner Nähe ein Schulmuseum gibt!
Schreibe auf, was du dort erfahren kannst!
Informiere dich dazu im Internet!

Wenn wir über etwas **Vergangenes mündlich** erzählen oder berichten, verwenden wir oft das **Perfekt**.
Es besteht aus **zwei Teilen**: *Er* hat gelernt. *Er* ist gegangen.
Um das **Perfekt** zu bilden, braucht man die **gebeugten Formen (Personalformen)** von *haben* oder *sein*:

haben		**sein**	
ich habe	wir haben	ich bin	wir sind
du hast	ihr habt	du bist	ihr seid
er, sie, es hat	sie haben	er, sie, es ist	sie sind

Mit dem Wörterbuch arbeiten

In einem Wörterverzeichnis sind alle Wörter nach ihren Anfangsbuchstaben ***alphabetisch*** *geordnet. Die* ***fett gedruckten Wörter*** *heißen* ***Hauptstichwörter****. Achte auch auf die* ***Nebenstichwörter****.*

1 Lies die Tipps zum Umgang mit einem Wörterbuch!

1 Bei Wörtern mit gleichen Anfangsbuchstaben musst du auf den zweiten, dritten, vierten … Buchstaben achten.
__Kra__nz
__Krau__t
__Kre__uz

2 An den Stellen, an denen ein Wort getrennt werden kann, steht ein Strich.
Bril|le → *Bril-le*

3 Im Wörterbuch wird zuerst die Einzahl der Nomen genannt, dann die Mehrzahl. Das Wort **Räder** findest du beim Hauptstichwort **Rad**.

4 Die Umlaute **ä**, **ö**, **ü** werden wie **a**, **o**, **u** in die Wörterlisten eingeordnet.
l__a__ssen
l__ä__ssig
das L__a__sso

5 Wenn du Verben suchst, die in einer **gebeugten Form (Personalform)** oder einer **Vergangenheitsform** stehen, musst du bei der **Grundform** nachschlagen.
er singt → *singen*
sie ging → *gehen*
er hat gesagt → *sagen*

6 Zusammengesetzte Wörter musst du oft in ihre Teile zerlegen und einzeln suchen.
Haustür → *das Haus, die Tür*
Turnhalle → *turnen, die Halle*
nachschlagen → *nach, schlagen*

7 Gesteigerte Adjektive findest du bei der Grundform.
älter → *alt*

8 Manchmal weißt du, wie ein Wort gesprochen wird, aber nicht, wie man es schreibt. Dann musst du verschiedene Möglichkeiten überlegen und nachschlagen.
__ase  mit **V** oder mit **W**?

2 Löse diese Aufgaben mit dem Wörterverzeichnis! Welche Tipps der Seite 10 helfen dir dabei? Schreibe die Nummern dazu auf!

?

Bilde zusammengesetzte Nomen und schreibe sie richtig auf!
Kontrolliere mit dem Wörterverzeichnis!

Taschen  Regen 

Kerzen  Vanille  Tür 

?

Suche die Wörter im Wörterverzeichnis:
blühen, häufig, das Glück, der Bürger.
Schreibe sie mit den Hauptstichwörtern davor und danach auf!

?

Suche die Wörter im Wörterverzeichnis:
die Entschlüsse, die Äxte, die Fässer, das Geheimnis, das Klavier, die Schlösser.
Schreibe sie in der Einzahl und der Mehrzahl mit Artikel auf!
der Entschluss,
die Entschlüsse, …

?

Suche die Namen der Bildwörter im Wörterverzeichnis und schreibe sie richtig auf!

?

Trenne diese Wörter:
ordentlich, strecken, übrig, vielleicht, wechseln, bisschen, spazieren.

?

Suche die Wörter im Wörterverzeichnis:
er schmiss, gepfiffen, du triffst, du siegst, er stahl, es quoll, er fraß.
Schreibe die gebeugte Form (Personalform) und die Grundform auf!
er schmiss – schmeißen, …

?

Ordne die Wörter nach dem Alphabet:
der Kalender, der Kahn, die Kammer.
Auf welcher Seite im Wörterverzeichnis findest du sie?

?

Suche die Grundformen im Wörterverzeichnis und schreibe sie auf!
jünger, klüger, größer

★ Erfinde für deine Mitschüler weitere Aufgaben zum Wörterbuch.

Wörter mit ch und sch

1 **ch** oder **sch**? Schreibe die Sätze richtig auf!

Wenn der Wecker klingelt, wa■e ich auf.
Ich wa■e mich täglich.

Der Pfarrer ist in der Kir■e.
Am Baum hängt eine Kir■e.

Im Meer kann man gut tau■en.
Ich tau■e gern Briefmarken.

Die Blätter rau■en im Wind.
Der Schornstein rau■t.

2 Bilde möglichst viele Wörter mit dem Wortstamm **zeich**!
Achte darauf, welche Wörter du großschreiben musst!
zeich: zeichnen,
das Verzeichnis, …

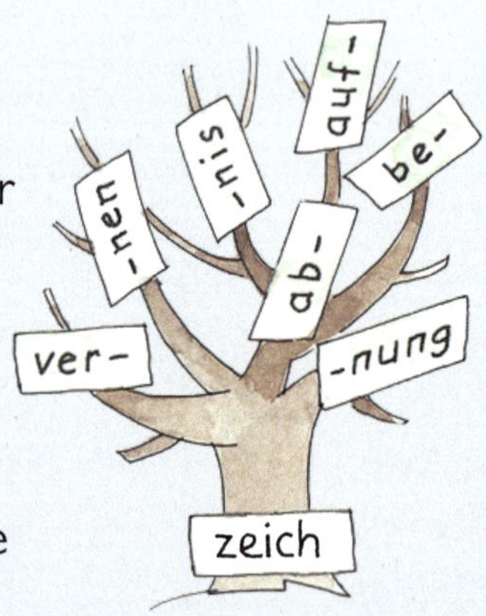

★ Zeichne für die Wortstämme **acht** und **richt** einen Baum wie in Aufgabe 2!
Lasse einen Partner damit Wörter bilden!

acht
achten
beobachten
besichtigen
einfach
erschrecken
das Fach
die Fläche
herrlich
hoffentlich
der Nachbar
ordentlich
pünktlich
rasch
riechen
überraschen
der Unterricht
unterscheiden
der Unterschied
vielleicht
wünschen
zeichnen

3 Ordne die Wörter der Wortleiste so:

Verben	*Nomen*	*Adjektive*
achten	*das Fach*	*einfach*
…	…	…

4 Schreibe zu den Verben aus der Wortleiste die Perfektform auf!
Schreibe so: *besichtigen: er hat besichtigt, …*

5 Suche die Wörter im Wörterverzeichnis:
Fläche, pünktlich, überraschen, wünschen.
Schreibe die Wörter auf, zwischen denen sie stehen!

Erinnere dich:
Aus manchen Wörtern kann man **Adjektive** bilden,
indem man die Nachsilbe **-ig** oder **-lich** an den Wortstamm hängt.

6 Bilde abgeleitete Adjektive mit der Nachsilbe **-ig** oder **-lich**:
froh, das Ende, die Gefahr, der Hunger, das Eis, schaden.
Schreibe so: *froh – fröhlich, …*

★ Finde weitere Nomen und Verben, von denen du Wörter mit der Nachsilbe **-lich** ableiten kannst! Benutze das Wörterbuch oder das Wörterverzeichnis!

7 Bilde aus den Nomen Adjektive!
Unterstreiche die Nachsilbe, mit der dir das gelingt:
die Mode, Japan, die Medizin, der Betrüger.
Schreibe so: *die Medizin – medizinisch, …*

8 Schreibe die Verben aus den Sätzen heraus und markiere den Wortstamm!

Die Schüler besichtigen ein Schulmuseum.
Sie betrachten alle Ausstellungsgegenstände.
Die Mädchen und Jungen achten auch auf Bilder und Texte.
Sie finden Unterschiede zwischen der Schule früher und heute.

9 Schreibe den Text in der Perfektform auf!
Markiere die Verbformen!

Zum Üben

Der Ausflug
Heute ist kein Unterricht. Die Schüler wollen das Museum besichtigen. Pünktlich um acht Uhr treffen sie sich am Bahnhof. Jeder schaut, ob sein Nachbar da ist. Bei herrlichem Sonnenschein fahren sie los. Hoffentlich wird es ein schöner Tag. Erst gegen achtzehn Uhr werden sie wieder daheim sein.

Pläne für das 4. Schuljahr

Die Schüler der Klasse 4 a basteln für die Schulanfänger eine Anlauttabelle zum Anfassen.

★ Was plant ihr für euch oder für und mit anderen Klassen?

September	Oktober	November	Dezember
Anlauttabelle basteln	Halloween	Lesenacht	Weihnachtsfeier für …
Januar	**Februar**	**März**	**April**
Winterspiele im Freien	Fasching	Lernfest mit der 5. Klasse	…

★ Schreibt eure Vorhaben in einen Kalender!
Legt frühzeitig fest, wer wofür verantwortlich ist!
Bildet Vorbereitungsteams!

Im Herbst

Es kommt eine Zeit,
da fragen wir uns:
Was soll denn nur werden?

Die Luft schmeckt
so bitter.

Die Vögel sind
über alle Berge.

Der Nebel macht
die Häuser bleich.

Die kleinen Tiere gehen
unter der Erde spazieren.

Aufs Dach trommeln
Kastanien.

Wir müssen
ins Haus zurück,
da hält uns
der Regen gefangen.

Elisabeth Borchers

Der Herbst verändert die Natur.
Sprich über die Veränderungen!
Wann spricht man vom „goldenen Herbst"?

Wie sich die Tiere auf den Winter vorbereiten

Zugvögel

Fische

der Igel

Frösche

das Eichhörnchen

… hält Winterschlaf.

… fliegen in den Süden.

… suchen sich in Gewässern einen frostsicheren Platz.

… versteckt Nüsse und Samen.

… vergraben sich im Schlamm.

1 Was stimmt? Bildet sinnvolle Sätze!
Achtet dabei auf die Verbformen!

2 Schreibe die Sätze auf! Umkreise die gebeugten Verbformen (Personalformen) und unterstreiche, wer etwas tut!

Zugvögel fliegen in den Süden.

Erinnere dich:
Ein **Satz** besteht aus mehreren Satzgliedern.
Die **Satzaussage (das Prädikat)** ist das Satzglied, das auf die Frage **„Was tut …?“** oder **„Was geschieht …?“** antwortet.
Der **Satzgegenstand (das Subjekt)** ist das Satzglied, das auf die Frage **„Wer?“** oder **„Was?“** antwortet.

3 Erfragt in den Sätzen das Prädikat und das Subjekt!

Im Herbst verlassen viele Vögel unsere Heimat. Sie überwintern in wärmeren Ländern. Eine große Anzahl überfliegt das Mittelmeer und die Wüste Sahara.
Kleinere Vogelarten rasten zwischendurch. Große Vögel überqueren weite Strecken oft ohne Unterbrechung.

4 Schreibe aus den Sätzen jeweils die Satzkerne heraus!
Schreibe so: *Viele Vögel verlassen*, …, …

5 Welche Zugvögel kennst du?
Schreibe die Namen auf!

★ Es gibt auch Standvögel. Erkläre den Begriff!

Das Reh

ist ein scheues Wildtier. Es lebt in Mischwäldern und in Feldfluren. Im Sommer ist das Fell rotbraun. Im Herbst wächst ein dichteres, graubraunes Winterfell. Im Frühjahr frisst Gräser und frische Blätter. Im Herbst ernährt es sich von Pilzen, Eicheln, Beeren und Kastanien. In der kälteren Jahreszeit schließen sich zu größeren Gruppen zusammen. Die Tiere an den Rändern beobachten das Gebiet. Sie geben , die in der Mitte der Gruppe äsen, unverzüglich Warnsignale, wenn Gefahr droht.

1 Welche Wörter im Text kennt ihr nicht? Klärt sie gemeinsam!

2 Setze im Text das Nomen **Reh** in der richtigen Form ein:
das Reh, des Rehs, dem Reh, die Rehe, den Rehen.

3 Finde heraus, wie du nach fragen kannst!
„Wer?“ oder **„Was?“** **„Wessen?“** **„Wem?“** **„Wen?“** oder **„Was?“**
Schreibe die Frage und die Antwort auf:
Wer ist ein scheues Wildtier? – das Reh

4 Was passt? Frage nach den fehlenden Nomen und setze sie ein!

Im Herbst fressen sich Wildschweine ... an. Auch ein Fellwechsel findet statt. ... besteht aus grobem Deckhaar und einer sehr feinen, wollartigen Unterwolle. Der Herbst ist auch die Paarungszeit ... . Das Männchen nähert sich ... .

das Winterfell
des Wildschweins
eine Fettschicht
dem Weibchen

★ Wie nennt man man die Männchen, die Weibchen und die Jungen des Wildschweins in der Fachsprache?

Nomen kommen im Satz in verschiedenen Formen vor. Diese Formen heißen **Fälle**. Es gibt **vier Fälle**. Nach jedem **Fall** kann man fragen:
1. Fall (Nominativ) → **„Wer?“** oder **„Was?“**
2. Fall (Genitiv) → **„Wessen?“**
3. Fall (Dativ) → **„Wem?“**
4. Fall (Akkusativ) → **„Wen?“** oder **„Was?“**

Die Farben des Herbstes

Leuchtender Herbst

Im Oktober bereiten sich die Laubbäume auf die Winterruhe vor. Sie zeigen sich in herrlichen Farben. Die Buchen hatten bisher mattes grünes Laub. Jetzt leuchten die Blätter kupferrot. Das Eichenblatt färbt sich rostrot. Die Blätter der Kastanie und der Birke schimmern goldgelb. Das Ahornlaub hat auf seiner Blattfläche feuerrote Tupfen.

1 Welche Bedeutung haben die zusammengesetzten Adjektive im Text?
Schreibe so: *kupferrot – so rot wie Kupfer*

2 Erkläre, was die zusammengesetzten Adjektive im Text bewirken!

3 Bezeichne die Farben **Grün**, **Gelb**, und **Rot** genauer!
Bilde dazu zusammengesetzte Adjektive mit passenden Nomen! Die Bilder helfen dir!
Schreibe so: *so grün wie Moos – moosgrün*

4 Schreibe zu dem Bild passende Sätze!
Verwende passende Adjektive!

5 Schreibe eine „farbenprächtige“ Geschichte!
Ich lag auf einer  *grünen Wiese. Als ich meine Augen schloss, tippte mir ein*  *rotes Teufelchen auf die Schulter und …*

★ Schreibe ein Herbst-Haiku. Ein Haiku ist eine japanische Gedichtform.
Es geht so:

Die 1. Zeile hat 5 Silben.

Die 2. Zeile hat 7 Silben.

Die 3. Zeile hat wieder 5 Silben.

DER GOLDENE HERBST
ICH LIEBE SEINE FARBEN
DIE BLÄTTER FALLEN

Grauer Herbst

Manche Menschen lieben … … . Bunt leuchten die Blätter in der Sonne. Die Farben … … sind oft wunderschön. … … ist aber auch eine dunkle Jahreszeit. Oft ist es auch regnerisch oder stürmisch. Nicht alle Menschen können daher … … etwas abgewinnen.

1 Setze das Nomen **Herbst** mit seinem Artikel in der richtigen Form ein!

2 Bestimme jeweils den Fall von **Herbst**. Stelle dazu Fragen!
Schreibe so:
Wen lieben manche Menschen? – den Herbst (4. Fall / Akkusativ)

3 Schließt die Augen und stellt euch vor, wie der Regen klingen kann! Sammelt danach Regenwörter!
tropfen, plätschern, …

> **Erinnere dich:**
> **Zusammengesetzte Verben** werden in Sätzen oft getrennt geschrieben. Sie bilden ein **mehrteiliges Prädikat**.

4 Setze die Verben für die Geräuschgeschichte ein!
Spielt sie anschließend nach!

Zuerst ◯ nur wenige Tropfen ◯.	herabfallen
Plötzlich ◯ heftiger Regen ◯.	herunterprasseln
Langsam ◯ der Regen ◯.	nachlassen
Zum Schluss ◯ es nur noch ein wenig.	tröpfeln

5 Bilde Wörtertreppen!

R
Regen
Regenmantel
Regenmantelknopf
Regenmantelknopfloch

H
Herbst
…

W
Wasser
…

★ Erfinde eine eigene Wörtertreppe zu einem Herbstwort und gestalte sie!

Stolperstellen finden

1 Lies, was den Kindern schwerfällt! Was fällt dir beim Schreiben schwer?

Das kann dir helfen, wenn du unsicher bist, wie ein Wort geschrieben wird:

1. Stolperwörter markieren	Lies deinen Satz oder deinen Text aufmerksam durch! Markiere alle Wörter, bei denen du unsicher bist, wie sie geschrieben werden! Das sind deine Stolperwörter.
2. lesen und deutlich mitsprechen	Lies ein Stolperwort. Sprich dabei leise mit! Das hilft dir, keine Buchstaben auszulassen, die man hört.
3. silbenweise sprechen	Sprich dein Stolperwort silbenweise! Das hilft dir bei langen, kom-pli-zier-ten Wörtern und bei der Trennung!
4. überlegen: groß oder klein? ***der H**und* ***der** schlaue **H**und* ***die H**unde*	Ist das Wort ein Nomen? Das musst du wissen, weil nur Nomen großgeschrieben werden.
5. überlegen: Was hilft noch?	Was kann dir noch helfen? Denke an Besonderheiten, die man sich einfach merken muss, an Regeln, Tipps und Tricks!

2 Lasse dir von einem Partner einen Satz oder einen Text diktieren! Welche Wörter sind für dich Stolperwörter? Wende die Schritte 1–5 an!

Stolperwörter üben

Auf dieser Seite kannst du auswählen, wie du deine Stolperwörter üben willst.

Treppenwörter

Schreibe dein Stolpernomen Buchstabe für Buchstabe! Ergänze in der letzten Zeile die Mehrzahl (Plural).

der K
der Ko
der Kor
der Korb
die Körbe

Immer mehr

Notiere dein Stolperadjektiv in allen drei Steigerungsstufen!
schnell, schneller, am schnellsten

Ich und du

Schreibe dein Stolperverb in verschiedenen Formen auf.
fallen – ich falle – ich fiel

Sieben auf einen Streich

Suche zu deinem Übungswort 7 weitere Wörter aus der Wortfamilie!

Wer weiß was?

Unterhalte dich mit einem Partner, was du schon alles über das Wort weißt!

Wortgemälde

Schreibe das Wort in verschiedenen Varianten!

Idee **Idee**
Idee Idee

Ordnung muss sein!

Ordne deine Wörter nach dem Abc! Kontrolliere mit dem Wörterbuch!

Geschichten

Schreibe mit den Wörtern aus deiner Stolperwortfamilie eine Drei-Satz-Geschichte!

Merkwörter

Manche Wörter musst du dir einfach merken. Schreibe sie auf einen Lernwörterfächer und übe sie!

Rätsel

Erfinde für dein Stolperwort ein Rätsel!
Mein Wort hat ein ck.
Mein Wort wird kleingeschrieben.
Mein Wort kann gesteigert werden.
Mein Wort …

★ Erfinde weitere Übungen, mit denen du deine Wörter üben kannst!

Doppelte Mitlaute (Konsonanten)

Beobachtungen im Herbst

Durch die Wolken dringt mattes Sonnenlicht. Die Schatten werden länger. Die Dämmerung beginnt früh. Herrlich bunt gefärbte Blätter fallen von den Bäumen. Laub liegt wie ein Teppich auf dem Erdboden. Man kann die Blätter sammeln, pressen und in eine Mappe legen.
Manche Tiere bekommen ein dichtes Winterfell.

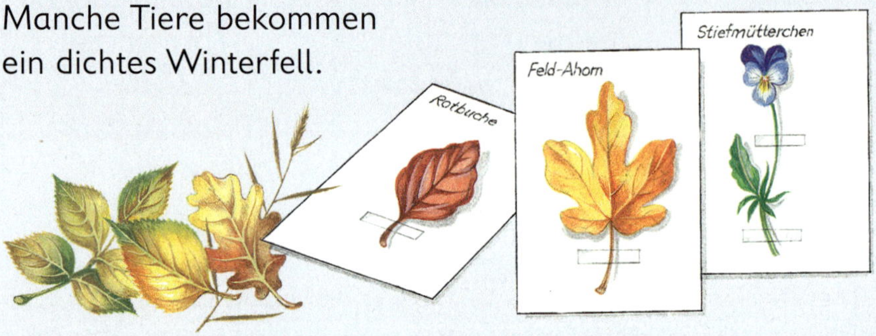

beginnen
bitter
das Blatt
die Dämmerung
sich erinnern
fallen
das Geschirr
herrlich
klappern
können
die Mappe
matt
das Metall
der Schatten
spannen
stimmen
der Teppich
trennen
die Welle
das Wetter

1 Suche aus dem Text alle Wörter mit doppeltem Mitlaut (Konsonanten) heraus! Ordne sie nach Wortarten und markiere den kurzen Selbstlaut davor:

Verben	Adjektive	Nomen
fallen	matt	Sonnenlicht
…	…	…

2 Bilde aus den Wortbausteinen zusammengesetzte Verben!

3 Verwende einige der zusammengesetzten Verben aus Aufgabe 2 im Satz! Markiere die Prädikate:

Im Herbst fallen die Blätter von den Bäumen ab.

★ Welche Wörter mit doppeltem Mitlaut kannst du mit den Schiebern des Wortcomputers bauen?

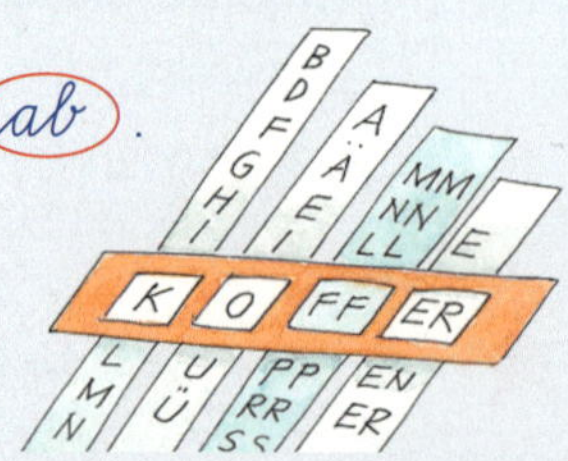

4 Finde abgeleitete Adjektive mit den Nachsilben **-ig**, **-lich**, **-isch** und ergänze die Wortgruppen!

bitter – bitterlich weinen *der Schatten – ein ... Platz*
rot – das ... Fell *das Metall – der ... Glanz*

5 Suche zu den Verben verwandte Nomen:
trennen, fallen, hoffen, erinnern, beginnen, knallen, spannen, stimmen.
Schreibe so: *trennen – die Trennung, fallen – der Fall, ...*

6 Verwende die Nomen mit **-ung** in kurzen Sätzen!

7 Fragt nach den unterstrichenen Satzgliedern!

Morgen beginnt im Dorf das Erntefest.
Tom hilft dem Vater den Erntewagen zu schmücken.
Die Mutter legt die Früchte des Gartens in den Korb.

8 Ordne die Nomen aus Aufgabe 7! Schreibe so:
Wer oder was? (1. Fall / Nominativ): das Erntefest, ...
Wessen? (2. Fall / Genitiv): ...
Wem? (3. Fall / Dativ): ...
Wen oder was? (4. Fall / Akkusativ): ...

9 Bilde zusammengesetzte Nomen!
die Eiswaffel, ...

Eis Wetter Blätter Hexe
Waffel Hütte Mappe sammeln Laub
Tuch Teppich Wasser Welle Geschirr

★ Schreibe eine kurze Geschichte, in der das Nomen **Schatten** in allen vier Fällen vorkommt!

Zum Üben

Herbstspaziergang
Lisa spaziert mit Emma im Park. Sie sammeln die herrlich bunt gefärbten Blätter. Sie wollen sie zu Hause pressen und in einer Mappe sammeln. Nun beginnt die Dämmerung. Lisa und Emma trennen sich. Jeder geht jetzt schnell zu sich nach Hause.

Tipps für ein Gruselfest

In den USA und mittlerweile auch bei uns wird in der Nacht vom 31. Oktober zum 1. November ein gruseliges Herbstfest gefeiert. Du erfährst den Namen des Festes, wenn du die Buchstaben im Kürbis richtig zusammensetzt.

★ Probiere die Rezepte für Gruselgetränke aus!

Roter Fliegensaft
Kirschsaft in eine durchsichtige Flasche füllen.
Das Etikett beschriften.

Gelber Glibbersaft
2 bis 3 Bananen schälen.
Zusammen mit 1 l Milch im Mixer zerkleinern.
Mit Honig und Zitronensaft würzen.
Alles in einen durchsichtigen Behälter füllen und beschriften.

★ Stelle Monstertinte her!

1  beide Enden einer Kartoffel abschneiden

2  Kartoffel an einem Ende aushöhlen

3  Zitronensaft einfüllen

4  Holzstäbchen eintauchen und eine Hexenbotschaft schreiben

Ich rate dir, das Papier zu bügeln.

★ Erfinde Hexensprüche!

Krötenspeck und Rattenbein,
du sollst eine … sein.

Ich dichte selbst einen Spruch.

Vampirspuk und Zaubernacht,
aus dir wird ein … gemacht.

Gespensterhaus
und Fledermaus,
komm als …
heraus.

Meine Wünsche und Träume

Wünsche wie die Wolken sind,
Schiffen durch die stillen Räume,
Wer erkennt im lauen Wind,
Ob's Gedanken oder Träume?

Joseph von Eichendorff

Das Bild hat der Maler Caspar David Friedrich gemalt.
Es heißt „Mondaufgang am Meer".
Wovon könnten die drei am Meeresstrand träumen?
Welche Wünsche und Träume hast du?

Mein Wunschberuf

Wenn ich groß bin, mache ich ein Eisgeschäft auf. Dann kann ich jeden Tag Eis essen.

Wenn ich erwachsen bin, will ich Tierpfleger im Zoo werden. Und ich werde dafür kämpfen, dass die Menschen keine Tiere mehr töten.

Ich will Arzt werden. Ich werde kranken Menschen helfen, wieder gesund zu werden. Und ich werde ein Medikament gegen die schlimmsten Krankheiten der Welt erfinden.

In 10 Jahren werde ich ein Fußballstar sein. Bei der Weltmeisterschaft werde ich für meine Mannschaft viele Tore schießen.

1 Lest die Texte der Kinder! Was meint ihr dazu?

2 Woran erkennt ihr, dass die Kinder über Zukünftiges sprechen?

3 Setze die Verbformen in den Text ein!
Markiere immer beide Teile des Verbs!
Ich werde später eine Ausbildung zum Piloten machen.

Ich … später eine Ausbildung zum Piloten …	werde machen
Ich will Polizistin werden. Dann … ich …, dass es nicht mehr so viele Verkehrsunfälle gibt.	werde aufpassen
Nach der Schule … ich zu einer Ballettschule …	werde gehen

4 Schreibe die Sätze aus Aufgabe 3 noch einmal mit **du** und **sie**!
Du wirst später …   Sie wird später …

★ Schreibe auf, was du machen wirst, wenn du groß bist!

Wenn wir über etwas **Zukünftiges** sprechen oder schreiben, verwenden wir häufig das **Futur**. Es besteht aus **zwei Teilen**. Es wird mit der **gebeugten Form (Personalform)** von **werden** und der **Grundform (Nennform)** eines **Verbs** gebildet.

Ich werde schreiben.	*Wir werden schreiben.*
Du wirst schreiben.	*Ihr werdet schreiben.*
Er wird schreiben.	*Sie werden schreiben.*

Erwartungen an das 5. Schuljahr

1 Welche Erwartungen habt ihr an das nächste Schuljahr?
Schreibt immer nur einen Stichpunkt auf ein Kärtchen
und heftet die Kärtchen an die Tafel!

2 Vergleicht eure Erwartungen! Sortiert Karten
nach ähnlichen Stichpunkten und sprecht darüber:
Worauf freut ihr euch? Was verunsichert euch?

Maria hat sich bei einer Schülerin aus der 5. Klasse informiert.

3 Ergänze Marias Bericht mit passenden Zeitformen!

Jetzt habe ich 5 Stunden Unterricht pro Tag.
Im nächsten Jahr werde ich 6 Stunden Unterricht haben.

Heute ... 24 Schüler in meine Klasse.	gehen
In der 5. Klasse ... mehr Schüler in eine Klasse ...	gehen
Jetzt ... ich drei verschiedene Lehrer.	haben
Wegen der neuen Fächer ...ich mehr Lehrer ...	haben

4 Was wird sich für dich ändern?
Schreibe es in der Zeitform Futur auf!
In der 5. Klasse werde ich ...

★ Du möchtest dich über das 5. Schuljahr
informieren.
Erarbeite einen Fragebogen für ein Interview!
Du hast mehrere Möglichkeiten,
Antworten zu bekommen:
- Befrage ältere Schüler!
- Gehe in eine andere Schule!
- Nutze die „Tage der offenen Tür"!

Wünsche in der Klasse

In der Klasse 4 a hängt ein Briefkasten. Dort kann jeder kleine Briefe mit seinen Wünschen einstecken.

Liebe Frau Bach,
vielen Dank, dass Sie uns bei den schweren Rechenaufgaben helfen.

Tim und Emma

Liebe Klasse 4 a,
ich danke euch für eure Hilfe beim Müllsammeln.

Euer Hausmeister
Herr Müller

Liebe Kinder,
bitte kontrolliert, ob in eurer Federtasche Lineal, Radiergummi und Anspitzer sind.
Vielen Dank!

Eure Frau Bach

An alle Mädchen!
Seid gefälligst nicht so zickig!

MARTIN,
TOTAL BESCHEUERT,
DASS DU DEINE SACHEN IMMER AUF MEINER TISCHSEITE RUMLIEGEN LÄSST.
Marvin

An den Gruppentisch am Fenster
Hallo, es wäre schön, wenn ihr im Unterricht weniger quatschen würdet. Wir fühlen uns oft durch euch gestört.
Die Kinder vom Tisch neben euch

1 Sprecht über die Briefe: Worum geht es den Absendern?
Welche Briefe hättet ihr gern bekommen, welche nicht? Begründet!

2 Suche dir ein Beispiel aus und schreibe einen Antwortbrief!

3 Lest euch die Antwortbriefe gegenseitig vor!
Sprecht darüber, welche ihr passend findet!

4 Schreibe auch einen Brief für den Klassenbriefkasten:
Wen möchtest du um etwas bitten? Bei wem möchtest du dich bedanken? Welche Wünsche oder Beschwerden hast du?
Ich wünsche mir, dass … *Es wäre schön, wenn …*
Vielen Dank für … *Danke, dass …* *Ich möchte, dass …*
Ich stelle es mir schön vor, wenn … *Ich bitte dich …*
Könntet ihr vielleicht …

Der Traum von einer besseren Welt

SOS-Kinderdörfer

Von jeher träumten Menschen von einer besseren Welt. Einer von ihnen war der Österreicher Hermann Gmeiner. Sein Traum war es, ein Zuhause für Kinder in Not zu schaffen. 1949 gründete er deshalb den Verein SOS-KINDERDORF und legte im gleichen Jahr in Ims in Österreich den Grundstein für das erste Kinderdorf. Vier bis sechs Kinder, die entweder kein Zuhause mehr haben oder dort nicht mehr bleiben können, leben mit ihrer Kinderdorfmutter oder ihrem Kinderdorfvater in einem großen Haus zusammen. Die Tage laufen genauso ab, wie in anderen Familien auch. Es geht aber nichts ohne feste Regeln. Zum Beispiel darf man in vielen Familienhäusern das Zimmer von anderen nicht betreten, ohne anzuklopfen; bei Tisch darf immer nur einer reden. Das müssen schon die Kleinsten lernen, auch wenn es immer wieder schwerfällt. Jedes Mitglied in der Familie hat seine wöchentlichen Aufgaben, die zu erfüllen sind: Teller abräumen, Mülleimer ausleeren, Fußboden kehren. 1986 starb Hermann Gmeiner. Aber sein Traum bleibt lebendig: 2009, zur 60-Jahr-Feier, gibt es 491 SOS-Kinderdörfer in über 100 Ländern. 15 davon befinden sich in Deutschland.

1 Lies den Text still! Lege eine Folie über den Text!
Unterstreiche die Antworten auf diese Fragen:
- Wer gründete die SOS-Kinderdörfer?
- Welchen Traum hatte der Gründer der SOS-Kinderdörfer?
- Wann und wo entstand das erste Kinderdorf?
- Wer lebt in einer SOS-Kinderdorffamilie?
- Was erfährst du über das Leben in einer SOS-Kinderdorffamilie?
- Wie viele SOS-Kinderdörfer gab es 2009?

2 Bilde aus den unterstrichenen Antworten Stichpunkte:
– *Gründer: …*

3 Gib nun den Inhalt des Textes mündlich wieder!
Nutze dazu die Stichpunkte!

★ Welche Fragen zu SOS-Kinderdörfern hast du noch?
Suche die Antworten in einem Lexikon oder im Internet und schreibe sie in Stichpunkten auf! Teile sie den anderen mit!

Umlaute und Zwielaute

der Ärger
das Beispiel
das Gebäude
das Geschäft
das Getreide
das Glück
der Lärm
schräg
tauschen
teuer
der Traum
übrig
versäumen

1 Ergänze in den Sprichwörtern das Nomen **Glück** im richtigen Fall!
Kontrolliere mit Hilfe der Tabelle auf Seite 134!

… und Glas, wie leicht bricht das! (1.Fall/Nominativ)
Jeder ist seines … Schmied. (… Fall/…)
Man muss … … die Hand reichen. (… Fall/…)
Man kann … … nicht festhalten. (… Fall/…)

2 Sprecht darüber, was die Sprichwörter bedeuten!

3 **-traum-** oder **-träum-**?
Ergänze und unterstreiche die Wortstämme:
sich einen Wunsch… erfüllen, schlecht …en,
ich habe ge…t, ein ver…ter Ort,
eine …hafte Reise, ein böser Alb…, …erisch

4 Welche Wörter der Wortleiste sind gemeint?

nicht billig, sondern …
nicht gerade, sondern …
im … kannst du einkaufen
ein Stück Kuchen bleibt …

ein anderes Wort für Krach
der Oberbegriff für Roggen, Gerste, Hafer und Weizen
das Gegenteil von „Pech haben"

5 Suche verwandte Wörter:
räumen, quälen, nähen, schämen, die Fläche, die Nähe, ergänzen.
räumen – der Raum, …

★ Begründe, warum die Wörter aus Aufgabe 5 mit **ä** oder **äu** geschrieben werden!

6 Welche Vorsilben und Bausteine passen zu **weisen**?
Klärt die Bedeutung mündlich!

an | be- | hin | zer- | auf
ver- | ab | weisen | zurück | aus

Wörter mit aa, ee, oo

Es war einmal ein See, der war immer voll Schnee,
darum nannten ihn alle Leute nur Schnees…
Um diesen Schneesee wuchs Klee, der Schneeseek…,
und darin äste ein Reh, das Schneeseekleer…, und dieses
Schneeseekleereh wurde von einer Fee geliebt,
der anmutigen Schneeseekleerehf…

Franz Fühmann

das Beet
das Boot
der Klee
das Meer
das Moos
die Saat
der Staat
die Waage

1 Ergänze im Text die zusammengesetzten Nomen!
Schreibe sie untereinander auf und kennzeichne **ee**!

2 Schreibe alle einfachen Nomen mit **ee** auf!

3 Gesucht werden Wörter mit **aa**:
ausgesäte Samen: *die Saat* — prüft das Gewicht: *die …*
ein großer Raum: *der …* — sie sind zu zweit: *das …*

★ Umschreibe die Nomen **Moos**, **Meer**, **Boot** und **Waage** wie in Aufgabe 3!

4 Bilde mit **Beet** zusammengesetzte Nomen!

Beet: Blumen, Salat, hoch, früh, Gemüse

5 Suche im Wörterverzeichnis, wie die Wörter richtig geschrieben werden! Was fällt dir auf?
der Saal – aber die Säle, das Haar – aber die H…rchen,
das Paar – aber die P…rchen

Zum Üben

eu oder **äu**?
Ein■gige ■len h■len in f■chten Gem■ern.
Ein fr■ndliches Burgfr■lein fr■t sich über Blumenstr■ße.
N■gierige R■ber str■en Zauberkr■ter ins F■er. Aus
einem Geb■de dringen schaurige Ger■sche. M■se huschen durch f■chte Gem■er. Was hat das zu bed■ten?

Das Tagebuch – ein Buch für Wünsche und Träume

Hast du dich schon einmal einem Tagebuch anvertraut?
Dort kannst du alles loswerden, was dich bedrückt.
Aber auch schöne Erlebnisse und Gedanken finden darin Platz.
Was und wie du in dein Tagebuch schreibst, geht nur dich etwas an.
Suche dir daher einen sicheren Aufbewahrungsort!

★ Du kannst dir dein Tagebuch selbst basteln und gestalten.

Es gibt auch Tagebücher, die von Schriftstellern erfunden wurden.
Die folgenden Ausschnitte stammen aus Tagebuch-Romanen
von Christine Nöstlinger und Monika Pelz.

19. 11.
Morgen habe ich Geburtstag. Gut hundertmal habe ich in den letzten Tagen erwähnt, dass ich sehr gern eine Gitarre haben würde. Bin gespannt, ob das auf fruchtbaren Boden gefallen ist. Es muss ja keine sehr teure sein.

Freitag, 23. September

I LOVE HIM SO!
Heute hat Christian mir unheimlich lieb ZUGELÄCHELT!
Hab ich schon beschrieben, was er für Augen hat?
Sie sind GRÜN mit BRAUNEN PÜNKTCHEN! ...

★ Was willst du aufschreiben?
Du kannst zum Beispiel schreiben
- was du an einem Tag erlebt hast,
- was dir besonderen Kummer bereitet,
- was dir große Freude macht,
- was dir gerade durch den Kopf geht,
- was du beobachtet oder gedacht hast,
- ...

Du kannst auch Fotos, Ansichtskarten, Eintrittskarten, ... dazukleben.

Miteinander leben

Du bist anders als ich,
ich bin anders als du.
Gehen wir aufeinander zu,
schauen uns an,
erzählen uns dann,
was du gut kannst,
was ich nicht kann,
was ich so treibe,
was du machst,
worüber du weinst,
worüber du lachst, …
Und plötzlich erkennen wir
– waren wir blind? –,
dass wir innen uns
äußerst ähnlich sind.

Karlhans Frank

Was heißt für dich „Miteinander leben“?

Verliebt sein

Ben hat Pech

Die Mädchen schauten beim Fußballspiel zu, auch Anna. Ben war tapfer und gab sich große Mühe. Er holte sich häufiger als sonst. Aber wenn er am Ball war, stimmte nichts mehr. Er flog beinahe über . Er traf nur halb und schoss vor die Füße des Gegners. Als er eine Ecke schießen wollte, rollte kläglich hinter das Tor. Ben schaute lange hinterher. Alle lachten, auch Anna. Manche pfiffen sogar. Ben wäre vor Scham am liebsten im Erdboden versunken.

1 Setze für die Bilder das Nomen **Ball** mit Artikel im richtigen Fall ein!

2 Lies den Text leise! Warum gelingt Ben nichts?

3 In welchen Sätzen würdest du **Ball** besser durch die Personalpronomen **er**, **ihm** oder **ihn** ersetzen? Probiere und begründe es!

> **Erinnere dich:**
> **Nomen** können in einem Text durch **Personalpronomen** im richtigen Fall ersetzt werden.
> Einzahl (Singular): *ich, du, er, sie, es*
> Mehrzahl (Plural): *wir, ihr, sie*

Peinlich!
Auf dem Reiterhof wollte ich unbedingt zeigen, wie toll ich schon reiten kann. Plötzlich …

4 Wie könnte die Geschichte weitergehen?

★ Ist dir auch schon einmal so etwas Ähnliches passiert wie Ben? Sprich mit einer Person deines Vertrauens darüber!

Im Satzbauplan steht, wie Ben mit seinem Kummer nach dem Fußballspiel umging.

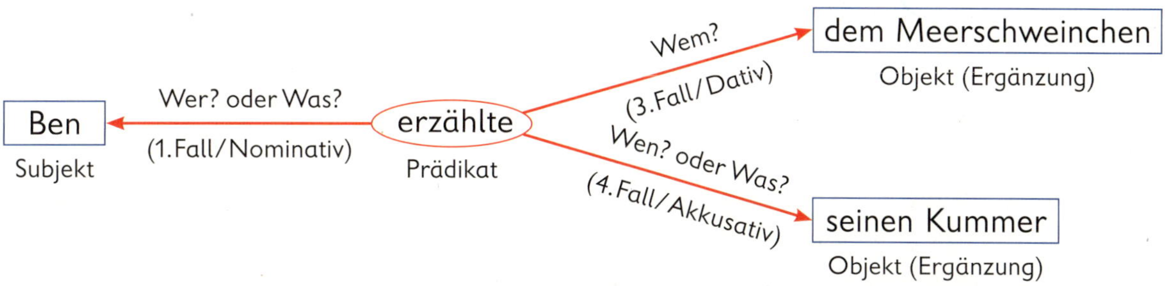

5 Betrachte den Satzbauplan genau! Welche Satzglieder sind für dich neu?

6 Setze die passenden Ergänzungen (Objekte) in die folgenden Sätze ein:

Das Meerschweinchen (hörte) [ ] (zu).

Dann (schrieb) Ben [ ] [ ].

der Anna
dem Jungen
einen Brief

7 Frage in beiden Sätzen aus Aufgabe 2 nach den Objekten (Ergänzungen)! Schreibe so:

Wem hörte das Meerschweinchen zu? – …
Wem schrieb Ben einen Brief? – …
Was schrieb Ben der Anna? – …

8 Schreibe für diesen Satz einen Satzbauplan!

Ben wollte Anna einen gelungenen Eckschuss zeigen.

★ Was könnte Ben nach dem Fußballspiel an Anna geschrieben haben? Versetze dich in seine Lage und schreibe es auf!

Die **Ergänzung** zum Prädikat heißt auch **Objekt**.
Es steht oft im **3. Fall** (Dativobjekt) oder im **4. Fall** (Akkusativobjekt).
Nach dem **Objekt** (der Ergänzung) kannst du so fragen:

Wem *erzählte Ben seinen Kummer?*
– dem Meerschweinchen (Objekt im 3. Fall, Dativobjekt)

Was *erzählte Ben dem Meerschweinchen?*
– seinen Kummer (Objekt im 4. Fall, Akkusativobjekt)

Wen *besuchte Ben?*
– Anna (Objekt im 4. Fall, Akkusativobjekt)

Klassenrat

Manchmal gibt es in einer Klasse Konflikte oder Themen, die gemeinsam besprochen werden sollten. Dabei kann ein Klassenrat helfen.

Was ist ein Klassenrat?
Ein Klassenrat ist eine Besprechung von wichtigen Angelegenheiten im Zusammenleben der Klasse. Alle Kinder der Klasse nehmen nach gemeinsam aufgestellten Regeln daran teil. Er muss gut organisiert sein.

1 Welche Themen sind in deiner Klasse zu besprechen?
Schreibe ein Thema als Stichpunkt an die Tafel!
Du kannst auch kurz begründen, warum es dir wichtig ist.

2 Besprecht, welches Thema für die ganze Klasse wichtig ist!
Wählt ein Thema für euren ersten Klassenrat!

3 Wie soll euer Klassenrat arbeiten?
Klärt gemeinsam diese Fragen und legt am Ende die Verantwortlichkeiten fest!

Wer wacht über die Regeln?
Welche Regeln sollen gelten?

Wer leitet den Klassenrat?

Wer schreibt mit und führt das Protokoll?

Wie wird überprüft, dass die Beschlüsse eingehalten werden?

Klassenrat
Termin:
Thema:
Tagesordnung:
Präsident und Präsidentin:
Regelwächter:
2 Protokollanten:

★ Beschreibe, wie du dir den Ablauf eines Klassenrates vorstellst!
Diese Stichpunkte können dir dabei helfen:
Eröffnung durch die Präsidenten, Vorstellen der Verantwortlichen, Verlesen der Tagesordnung, Durchführung, Beschlüsse, Verabschiedung

Streit in der Pause – ein Fall für den Klassenrat

Die Kinder spielen in der Pause „Jungen fangen die Mädchen". Anne hält sich am Klettergerüst fest, damit Tim und Fabian sie nicht ins „Gefängnis" bringen können. Tim und Fabian zerren an ihrem Anorak – da passiert es …

Im Klassenrat beschreibt der Präsident sachlich den Konfliktfall.

1 Setze **in**, **an**, **mit** und **auf** passend ein und schreibe die Sätze auf!

Die Jungen spielten ■ den Mädchen ■ der Pause ■ dem Pausenhof. Sie fingen die Mädchen und steckten sie ■ das Gefängnis. Dabei zerrten Fabian und Uwe ■ der Jacke von Anna. Der Ärmel riss ab.

2 Ersetze die unterstrichenen Wortgruppen immer durch ein Wort!

Fabian, Tim und Anna werden <u>von dem</u> Klassenrat befragt.
Anna zeigt, welcher Schaden <u>an dem</u> Anorak entstanden ist.
Dann wird der Fall <u>in dem</u> Klassenrat diskutiert.

3 Spielt eine Szene aus einer Klassenratssitzung zu diesem Konfliktfall:
- Die Präsidenten eröffnen einen Klassenrat zu diesem Streit.
- …

Vor **Nomen** oder **Personalpronomen** können manchmal **Präpositionen (Verhältniswörter)** stehen.

Präpositionen mit dem **3. Fall** (Dativ):
mit, nach, bei, von, zu, aus, seit, außer
Ich spiele <u>mit</u> meinem Freund. Ich spiele <u>mit</u> ihm.
Präpositionen mit dem **4. Fall** (Akkusativ): ***durch, für, ohne, um, gegen***
Ich fahre <u>ohne</u> meinen Freund. Ich fahre <u>ohne</u> ihn.
Präpositionen mit dem **3. Fall** (Dativ) oder dem **4. Fall** (Akkusativ):
auf, in, über
Wir steigen <u>auf</u> den Berg. Ich liege <u>auf</u> dem Bett.
Manchmal werden **Präpositionen** und **Artikel** zusammengezogen:
bei dem Haus → beim Haus, zu dem Haus → zum Haus

Wie ein Text entstehen kann

- Zuerst solltest du ein Thema finden.

Gedankensammlung

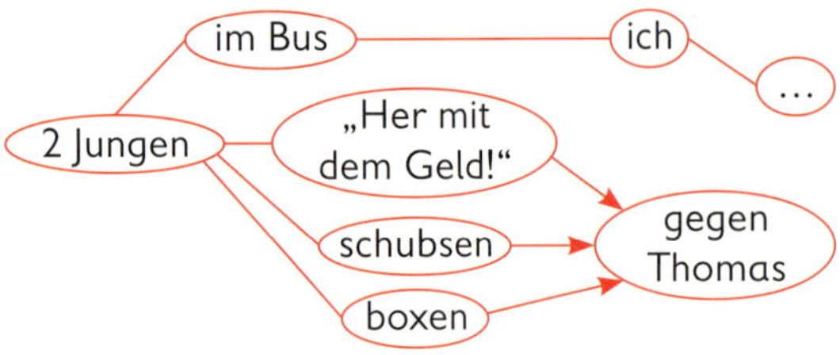

Themensammlung

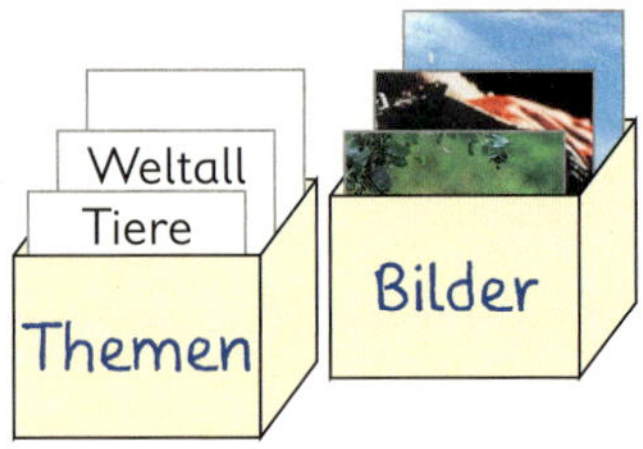

Wörtersammlung

Personen: …
Orte: …
Ereignisse: …

- Dann solltest du überlegen, **für wen** der Text sein soll und ob es eine **Geschichte** oder ein **Sachtext** werden soll.

- Jeder Text braucht einen roten Faden!
  Schreibe auf Kärtchen wichtige Stichworte: Namen, Angaben über Ort und Zeit, Aussagen und Informationen!
  Hefte die Kärtchen dann in einer passenden Reihenfolge an den roten Faden!

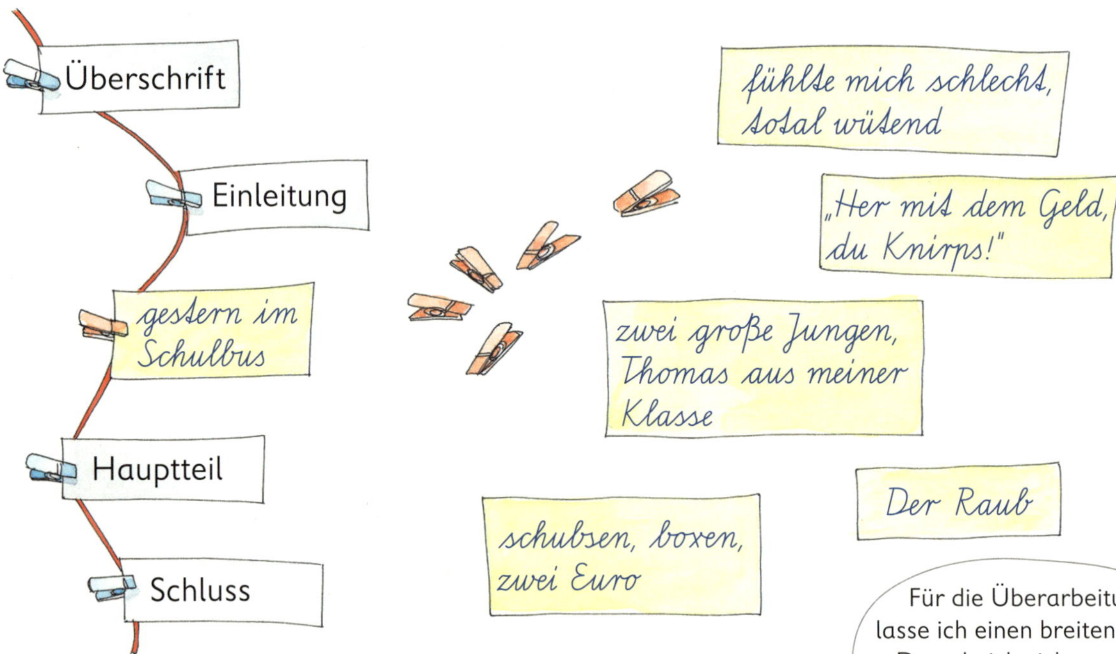

1 Lege dir diese Kärtchen an!
Ordne sie dem „roten Faden“ zu!

2 Schreibe zum Thema **Miteinander leben** eine Geschichte nach einem roten Faden!

AH S. 22

Wie ein Text überarbeitet werden kann

Mit einer Checkliste kannst du deinen Text überarbeiten:
- Lies deinen Text aufmerksam durch!
- Beachte dabei Punkt für Punkt der Checkliste!
- Verwende 🙂 😐 ☹!
- Markiere im Text die Stellen, die du überarbeiten möchtest!

Darauf kann ich achten	Eigene Meinung	Zweiter Leser
Der Text ist verständlich.		
Der rote Faden wurde eingehalten.		
Alles Wichtige wurde erwähnt.		
Es gibt keine unnötigen Wiederholungen.		
Die Zeitformen wurden beachtet.		
Es wurde alles gut und anschaulich ausgedrückt.		
Die Überschrift ist passend und regt zum Lesen an.		
Alles ist richtig geschrieben.		

TIPP **Das kann man beim Überarbeiten tun:**
- verschiedene Satzanfänge wählen, Satzglieder umstellen
- treffende Verben und Adjektive nutzen
- Fehlendes ergänzen, Unwichtiges weglassen

~~Der Raub~~	Angst und Wut
Es ~~passierte~~ gestern im Schulbus	passierte
Ich hörte, wie zwei ~~Typen~~ zu	Jungen
Thomas aus meiner Klasse sagten:	
„Her mit dem Geld, du Knirps!" Sie	
schubsten und boxten ihn so lange,	
bis er ihnen zwei Euro gab. Ich	
wollte Thomas helfen. ~~Ich konnte~~	
~~aber mich~~ vor Angst nicht rühren.	Aber ich konnte mich
Die zwei Jungen konnten flüchten.	
~~Ich fühlte mich den ganzen Tag~~	Den ganzen Tag fühlte ich mich
schlecht und war total wütend auf mich.	

1 Überarbeite deine Geschichte und lies sie vor!

Wörter mit ng und nk

1 Sortiere die Wörter der Wortleiste nach **ng** und **nk**!

ng	nk
die Angst	das Geschenk
...	...

2 Suche zu den Nomen **Angst** und **Geschenk** Wörter aus den Wortfamilien!

3 Finde Reimwörter!

klingen	lenken	zanken	sinken
r...	s...	r...	h...
s...	d...	w...	tr...
zw...	sch...	schw...	schm...

die Angst
ängstlich
anstrengen
die Bank
drängeln
drängen
entlang
der Finger
gelingen
das Geschenk
klingen
lenken
senken
sinken
zanken
zwingen

4 Teekesselraten: Schreibe die Lösung auf!

5 Ergänze mit passenden Objekten (Ergänzungen)!

Er ← schenkt → Wem? ☐ / Was? ☐

Anna ← bringt → Wem? ☐ / Was? ☐

Moritz ← kauft → Für wen? ☐ / Was? ☐

Er ← zankt sich → Mit wem? ☐ / Worüber? ☐

★ Schreibe auf, **wem** du **was** schenken möchtest!

Wörter mit pf

der Dampf
empfangen
der Kampf
der Knopf
der Pfiff
er pfiff
das Pflaster
die Pflaume
die Pflicht
der Pflug
schimpfen
stumpf
tapfer
der Tropfen

1 Schreibe Wörter der Wortleiste in Wortfamilien auf!
empfangen, der Empfang, ...
der Dampf, der Dampfkessel, ...

2 Einmal Grundwort – einmal Bestimmungswort:
Wett**kampf** – **Kampf**sport
Wasser**dampf** – **Dampf**...
Hosenknopf – ...
Wundpflaster - ...
Reitpferd - ...

3 Schreibe Wörter mit **ng**, **nk**, **pf** geordnet auf!
Bilde damit Wortgruppen mit einer Präposition.
im Boxring ringen, mit Pflastern pflastern, ...

4 Erfinde für das Wort **Pflaster** ein Teekesselchen!

5 Ergänze in den Sätzen das Nomen **Pflug**!
... ... steht in der Scheune. (1. Fall/Nominativ)
Die Teile des ... sind blank. (... Fall/...)
Der Bauer arbeitet mit ... ... auf dem Feld. (... Fall/...)
Der Schlosser bringt Ersatzteile für ... . (... Fall/...)

★ Zwei Beispiele gehören nicht dazu.
Sie sind „schwarze Schafe". Sage, warum!
Dampf, fangen, Kampf, Knopf, Pfiff, kämpfen, empfangen, schimpfen, tapfer, stumpf, Flug, tropfen, das Pflaster, die Pflaume, der Pflug

Zum Üben

Beim Wettkampf
Die Zuschauer drängeln sich am Eingang. Zwei Boxer steigen in den Boxring. Am Anfang ertönt eine Glocke. Die Kämpfer ringen tapfer um den Sieg. Angst kennen sie nicht. Ihre Freunde rufen und winken ihnen zu. Es ist ein gelungener Wettkampf. Der Gewinner erhält ein Geschenk.

Für das Miteinander in der Klasse

Ich-Botschaften helfen weiter:
Bevor es zu Beschimpfungen kommt, formuliere eine Ich-Botschaft! So können andere verstehen, was in dir vorgeht, und sind bereit, darüber nachzudenken.

Mich macht es fertig, wenn du ständig mit Julia tuschelst.
Ich habe oft das Gefühl, ihr redet über mich, und du erzählst unsere Geheimnisse.

★ Schreibe auch eine Ich-Botschaft!

★ Bastele einen Orden und überlege dir:
- Wer soll ihn bekommen?
- Wofür möchtest du ihn vergeben?

Überreiche den Orden würdig! Du kannst die Szene auch spielen.

★ Singt und gestaltet das Lied nach euren Ideen!

Anders als du

Worte und Melodie: Robert Metcalf

Im Winter

Die Pelzkappe voll mit schneeigen Tupfen,
Behäng ich die Bäume mit hellem Kristall.
Ich bringe die Weihnacht und bringe den Schnupfen,
Sylvester und Halsweh und Karneval.
Ich komme mit Schlitten aus Nord und Nord-Ost.
– Gestatten Sie: Winter. Mit Vornamen: Frost.

Mascha Kaléko

Wie stellst du dir den Winter vor? Beschreibe oder male ihn!

Winterzeit – Märchenzeit

Nach vielen Abenteuern erlöst ein kleines Mädchen seinen Freund aus dem Palast einer eiskalten Frau.

Am Weihnachtsabend muss ein armes Mädchen Schwefelhölzer verkaufen. Weil es so bitterkalt ist, zündet es die Hölzchen an und erblickt Wunderbares.

Ein Hahn auf dem Mist begrüßt unterschiedlich die Ankunft zweier Stiefschwestern nach ihrem Besuch bei einer Schneemacherin.

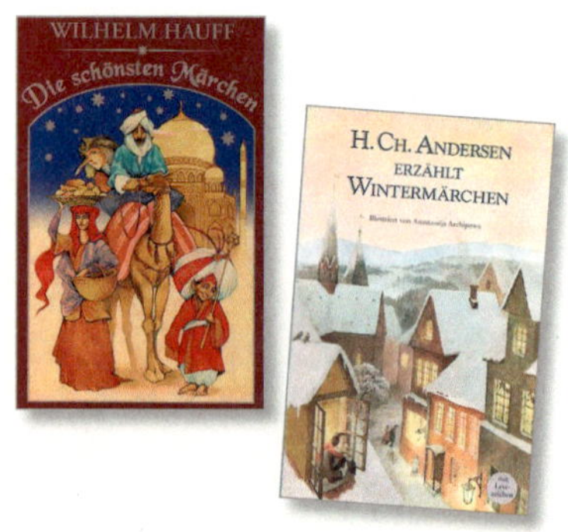

1 Lest diese Angaben zu Märchen!
Wisst ihr, welche Märchen gemeint sind?
Wer kann eines dieser Märchen erzählen?

2 Schreibe ein Minimärchen!

★ Schreibe ein Märchenalphabet!

A Aschenputtel
B Brot backen
C Cinderella
D Däumling
E …
F …

3 Die Verben in den Bildern verraten dir, um welche zwei Märchen es sich handelt. Schreibe auf, wie die beiden Märchen heißen!

4 Die Verben führen dich durch die Handlung. Verwende sie im Präteritum und erzähle eines der Märchen in kurzer Form!

5 Wähle aus jedem Bild fünf Verben aus! Schreibe so:

	So siehst du es im Film:	So liest du es im Märchen:	So sprichst du über das Gelesene:
Grundform	Präsens	Präteritum	Perfekt
schütteln	sie schüttelt	sie schüttelte	sie hat geschüttelt
gehen	sie geht	sie ging	sie ist gegangen

So erzählt Großvater seinem Enkelkind ein Märchen:

„Es war einmal ein kleines Mädchen, das hieß Gelbkäppchen."
„Nein, Rotkäppchen!"
„Ach ja, Rotkäppchen. Seine Mutter rief es und sagte zu ihm:
„Hör mal, Grünkäppchen …"
„Aber nein, Rotkäppchen!"

6 Erzählt das Märchen so weiter! Entscheidet, wer den Opa und wer das Enkelkind spielt!

★ Erzähle oder schreibe auch ein Märchen dieser Art!

Weihnachten in der Zauberschule

In England ist es Brauch, dass Father Christmas den Kindern am 25. Dezember die Geschenke bringt.
Auch auf Hogwarts, der Schule, in der Harry Potter das Zaubern lernte, war das so. Am Heiligabend ging Harry voller Vorfreude auf das Festessen und den Weihnachtstag zu Bett. Als er am Weihnachtsmorgen ganz früh aufwachte, sah er vor seinem Bett einen Stapel Päckchen liegen.

1 Welche Geschenke bekam Harry zu Weihnachten?
Zähle sie auf:
Harry bekam ein Geldstück, eine …,
… und …

★ Beschreibe ein besonderes Geschenk für einen Zauberlehrling!
Wie heißt es und wofür kann er es benutzen?

2 Was braucht ein Zauberlehrling noch alles?
Zauberstab, Hexenkessel, Kröten, Zauberbuch, Zauberhut, Zauberpulver
Schreibe auf: *Ein Zauberlehrling braucht …*

3 Harry freute sich auf das Festessen.
Was gab es für leckere Sachen?
Braten fett Kuchen süß Würstchen groß
Plumpudding saftig Truthähne klein
Schreibe so: *Es gab fette Truthähne, …*

Bei einer **Aufzählung** steht zwischen Wörtern und Wortgruppen ein **Komma**:
Die Zauberlehrlinge brachten Eulen, Ratten ***und*** *Kröten mit.*
Wollt ihr süßen Kuchen, dunkle Schokolade ***oder*** *große Bonbons?*

Die Weihnachtsferien auf Hogwarts waren für Harry besonders schön, denn er war nicht allein. Einige andere Schüler blieben auch dort, weil ihre Eltern verreist waren.

4 Teile jeden Satz in zwei Sätze, indem du sie ohne die Bindewörter **denn** und **weil** schreibst:

Die Weihnachtsferien … schön.
Er war …
Einige andere …
Ihre …

5 Verbinde die beiden gegenüberliegenden Sätze!
Du kannst die Bindewörter **weil**, **denn** oder **damit** verwenden.

Harry und Ron genossen die Weihnachtsferien.	Im Aufenthaltsraum konnten sie ungestört am Kamin sitzen und essen.
In der Nacht schlich sich Harry Potter oft in die Bibliothek.	Er war einem Geheimnis auf der Spur.
Bei seinen nächtlichen Ausflügen hüllte sich Harry in seinen Zauberumhang.	Keiner konnte ihn sehen.
In der Weihnachtsnacht war Harry sehr aufgeregt.	Er entdeckt den Spiegel NERHEGEB.

★ Entschlüssle den seltsamen Spruch auf dem Spiegel!
Wie verstehst du ihn?

6 Harry beschreibt Ron später den Spiegel.
Setze fort:

Ich habe einen ganz besonderen Spiegel entdeckt. Er steht auf goldenen …

TIPP **Wenn du etwas beschreibst, helfen dir diese Fragen:**
- Wie groß ist der Gegenstand?
- Welche Form hat er?
- Aus welchem Material ist er?
- Welche Farbe hat er?
- Hat der Gegenstand Besonderheiten?

Tiere im Winterwald

Lüttenweihnachten

Der Autor Hans Fallada erzählt in seiner Weihnachtsgeschichte von einem Brauch an der Ostseeküste. Dort feiern die Kinder „Lüttenweihnachten“ - ein Weihnachtsfest für Tiere.

Zur Vorbereitung dieses Festes machen sich drei Bauernkinder auf den Weg, um im Wald einen Baum für ihr „Lüttenweihnachten“ zu stehlen. Sie haben große Angst davor, von **dem Förster** erwischt zu werden. **Der Förster** kann nämlich richtig böse werden. Schnell schlagen sie mit der Axt eine Fichte. Der Heimweg führt sie über die Dünen zum Strand. Dort hören sie die Wildgänse schreien, die vor ihrer Reise in ihr Winterquartier eine Pause an der Küste machen. Und dann erleben sie eine Überraschung: Am Strand sehen sie **den Förster**. Er steht neben einer Fichte, wie sie auch eine haben. Und die Fichte **des Försters** ist über und über mit Lichtern geschmückt. Lüttenweihnachten für die Wildgänse …

1 Überlegt gemeinsam, warum der Förster nicht mit den Kindern schimpft!

2 Das Nomen **Förster** steht in den Sätzen in verschiedenen Fällen.
Schreibe die Fragen mit einer kurzen Antwort auf!
Wer kann böse werden? (1. Fall / Nominativ)
Wessen Bart leuchtet? (2. Fall / Genitiv)
Vor wem haben die Kinder Angst? (3. Fall / Dativ)
Wen sehen die Kinder? (4. Fall / Akkusativ)

3 Kannst du Tierspuren im Schnee unterscheiden?
Setze die Tiernamen richtig ein!

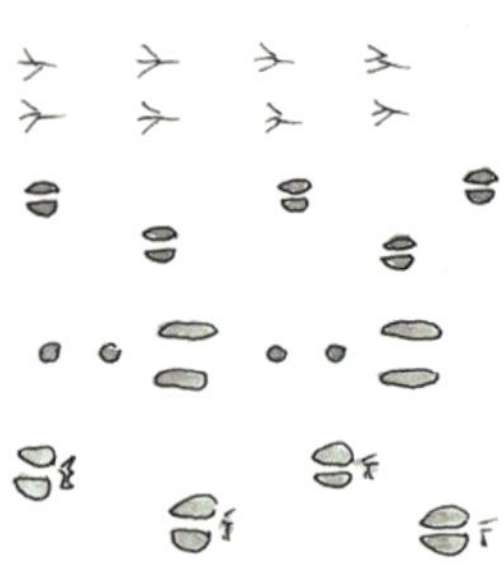

Das ist die Spur des …
Das ist die Spur des …
Das ist die Spur des …
Das ist die Spur des …

★ Erkundige dich, mit welchem Futter diese Tiere im Winter versorgt werden!

Ein neues Jahr geht übers Land …

Im Januar werde ich Schneeschuhe kaufen
und weit über weite Berge laufen.

Im Februar werde ich Fasching erleben.
Da müsste es viele Feste geben.

nach Rolf Krenzer

1 Lies die Reime! Nenne die Verbformen im Futur!

2 Was wirst du in den folgenden Monaten des Jahres tun?
Schreibe kleine Sätze!
Im Januar werde ich Eis laufen …

★ Schreibe für einen oder mehrere Monate einen Reim!
Die Reimpaare helfen dir:
bemalen – Eierschalen, lesen – Zauberwesen,
pflanzen – tanzen, stecken – strecken,
baden – schaden, putzen – verschmutzen …

3 Was nehmen sich diese Kinder für das neue Jahr vor?
Schreibe kurze Sätze mit Verbformen im Futur!

Emil

Leo

Sophie

4 Was nehmt ihr euch für das neue Jahr vor? Sprecht darüber!

5 Was wirst du im kommenden Jahr auf keinen Fall tun?
Schreibe es auf!

6 Alle möchten verreisen. Schreibe alle Futurformen zu **verreisen** auf!

ich werde …	*wir …*
du …	*ihr …*
er …	*sie …*

Wörter mit Sp/sp und St/st am Wortanfang und am Wortstammende

Weihnachten

Der Weihnachtsbaum ist festlich geschmückt und strahlt im Glanz vieler Kerzen. An seinen Ästen hängen bunte Kugeln und auf der Spitze steckt ein selbst gebastelter Stern. Die Kinder warten mit Spannung auf den Weihnachtsmann. Sie werden einen Spruch aufsagen.

bürsten
ernst
das Fest
der Gast
die Knospe
kosten
listig
rosten
der Spiegel
der Sprecher
die Spur
das Stadion
starten
staubig
stechen
steil
stets
stolz
stören
streiten
das Stroh
stumpf
stürmen
stürzen

1 Schreibe aus dem Text alle Wörter mit **Sp/sp** und **St/st** am Wortanfang heraus!

2 Ordne die Wörter der Wortleiste in einer Tabelle nach Nomen, Verben und Adjektiven!

3 Welches Wort konntest du in Aufgabe 2 nicht einordnen? Schreibe es auf und verwende es in einem Satz!

4 Schreibe alle Verben der Wortleiste untereinander! Ergänze die 3. Person Einzahl (Singular) im Präsens und Präteritum. Kontrolliere mit dem Wörterverzeichnis! Schreibe so:
bürsten, sie bürstet, sie bürstete
kosten, er kostet, sie kostete

5 Reime weiter und trenne die Wörter:

der Kasten	husten	der Pfosten
f...	p...	r...
h...	pr...	k...

6 Bilde aus den Wortgruppen zusammengesetzte Nomen!
eine Spur im Schnee, die Matte aus Stroh, der Sprecher im Stadion, das Haus für Gäste, das Fest zu Weihnachten, die Knospe der Blüte

★ Aus diesen Buchstaben kannst du sehr viele Wörter mit **Sp/sp** und **St/st** bilden. Schreibe sie auf!

T	S U	T
A	P S	E
B	U O	T
B	N R	E

Wörter mit V/v

Vier Märchen

Konnte die Müllerstochter Stroh zu Gold spinnen?
Hat Rumpelstilzchen ihr … geholfen?
Der gestiefelte Kater lief dem könglichen Wagen immer … .
Zu Ali Baba gehören … Räuber.
Das kleinste Geißlein kam aus dem Uhrenkasten … .

die Vase
verbieten
verletzen
versäumen
verteidigen
verwechseln
verzeihen
das Vieh
das Volk
das Vorderrad
die Vorsicht

Merke:

hervor
vielleicht
vierzig
voran
voraus
vorige

1 Setze die fehlenden Wörter ein!
Nutze dazu die Merkwörter aus der Wortleiste!

2 Bilde Wörter mit **vor-** und **ver-**!

3 Bilde Nomen aus den Verben der Wortleiste!
Unterstreiche immer die Vorsilbe **ver-**!
verbieten, das Verbot, …

4 Setze **Volksfest**, **Vieh**, **Vase**, **Vorderrad** richtig ein!

Die Mutter stellt (was) ans Fenster.
(Was) endet mit einem Feuerwerk.
Der Schlauch des (wessen) ist kaputt.
Der Bauer gibt (wem) Futter.

★ Schreibe aus dem Wörterverzeichnis ab Seite 136 Wörter mit **V/v** heraus, die nicht in der Wortleiste stehen!

Zum Üben

Bald ist Weihnachten
Wir bereiten uns auf die Weihnachtstage vor.
In der vorigen Woche haben wir am Barbaratag Zweige von Sträuchern und Obstbäumen geschnitten. Sie wurden vorsichtig in eine große Vase gestellt.
Vielleicht öffnen sie zum Fest ihre Knospen?

Worauf ich mich freue

Neinerlaa

Zum Weihnachtsfest gehört auch ein gutes Essen. Im Erzgebirge kommen nach altem Brauch am Heiligabend neun verschiedene Speisen auf den Tisch, das „Neinerlaa" (Neunerlei).

★ Welches Gericht kommt in deiner Familie auf den Tisch? Erzähle davon!

★ Bringe deinen Freunden die Zutaten zum Früchtepunsch mit! Viel Spaß beim Kochen!

Früchtepunsch

Zutaten:
2 Beutel Früchtetee
1 Zimtstange, in Stücke gebrochen
3 Nelken
500 ml Traubensaft
Saft einer Orange
Honig

So wird es gemacht:
- Teebeutel, Zimtstangenstücke und Nelken in einen Kochtopf legen
- 500 ml kochendes Wasser darübergießen
- alles kurz aufkochen
- 15 Minuten ziehen lassen
- Trauben- und Orangensaft dazugeben
- alles noch einmal erhitzen, aber nicht kochen
- Punsch durchsieben, mit Honig würzen

★ ✎ Schreibe das Bratapfelrezept für deine Freunde auf und verschenke es in einer lustigen Apfelklappkarte.
Auch das Rezept für den Früchtepunsch kannst du verschenken.
Überlege dir eine passende Geschenkform!

Bratapfelduft
Äpfel aushöhlen,
innen und außen mit Butter bestreichen.
Mit je einem Teelöffel Honig, gehackten Nüssen
und Rosinen füllen und etwas Zimt dazugeben.
Bei 120° im Backofen etwa 20–30 Minuten backen,
bis die Apfelhaut Risse bekommt.
Mit Vanillesoße übergießen.

Von Tieren und Menschen

Es beißt nicht jede Qualle.
Nicht jede Biene sticht.
Auch Tiere haben alle
ein eigenes Gesicht.

Schaut ihnen einmal friedlich
und wachen Auges zu:
Sie sind ganz unterschiedlich,
genau wie ich und du.

James Krüss

Sprecht darüber, was das Gedicht bedeuten könnte!

Wissenswertes über Tier und Mensch

Laufen

Kilometer in der Stunde	
Eisbär	65
Gepard	120
Hase	65
Hauskatze	48
Löwe	75
Windhund	110
Wolf	60
Zebra	65
Mensch (Joggen)	9

So alt können Vögel werden

Amsel	18 Jahre	Kranich	62 Jahre
Buchfink	29 Jahre	Kuckuck	40 Jahre
Gänsegeier	119 Jahre	Uhu	68 Jahre
Kohlmeise	23 Jahre	Zaunkönig	5 Jahre

Schwimmen

Kilometer in der Stunde	
Aal	12
Delfin	46
Finnwal	55
Hai	36
Lachs	39
Schwertwal	65
Mensch	3

1 Beantworte die Fragen mit Hilfe der Tabellen:
Wer läuft am schnellsten?
Wer schwimmt am langsamsten?
Welche Tiere schwimmen fast gleich schnell?
Schreibe so: *Der Gepard läuft am schnellsten. …*

2 Erfindet zu den Tabellen eigene Fragen!
Schreibt sie auf ein Blatt und
notiert die Lösung auf der Rückseite!
Tauscht die Aufgaben der Gruppen aus!

	Wildkaninchen	Feldhase
Aussehen	rundlicher Körperbau kurze Beine und Ohren 1,4–2 kg schwer	groß und schlank lange Beine Ohren länger als Kopf 2,5–5,5 kg schwer
Fellfarbe	graubraun, am Bauch heller	rötlichbraun, Bauch weiß Ohren haben dunkle Seiten und Spitzen
„Wohnung“	Höhlenbauten am Waldrand oder in Parkanlagen	lebt auf offenem Feld; schläft in kleinen Mulden
Verhalten	Rudeltier	Einzelgänger

1

2

3

4

3 Wildkaninchen oder Feldhase? Ordne die Bilder zu!
Begründe immer mit der Tabelle!

Fledermäuse

Die Fledermaus

Fledermäuse sind die einzigen Säugetiere, die richtig fliegen können. Zwischen den Armen, den Beinen und dem Schwanz spannen sich Flughäute. Fledermäuse können sich in völliger Dunkelheit orientieren. Dazu stoßen sie für den Menschen unhörbare Ultraschalltöne aus. Die Töne werden von Hindernissen zurückgeworfen und die Fledermäuse können rechtzeitig ausweichen. Anders geartete Echos kommen von den Beutetieren zurück und die Fledermäuse wissen, dass es etwas zu fangen gibt. Übrigens: Für die Blut saugenden Vampire aus den Gruselfilmen gibt es ein Vorbild in der Natur, die Vampir-Fledermäuse in Südamerika. Sie saugen tatsächlich Blut, aber nur an Rindern und anderem Vieh.

Vampir-Fledermäuse saugen Blut

Steckbrief Fledermaus

Klasse:
Säugetiere
Lebensraum:
fast überall auf der Welt
Größe:
zwischen 4 und 16 Zentimetern
Alter:
bis zu 25 Jahren
Nahrung:
Insektenfresser; einige Arten auch Fruchtfresser, Saft- und Blutlecker
Besonderheit:
nachtaktiv; Orientierung mit Hilfe von Echosignalen

1 Wahr oder unwahr?
Prüfe die Aussagen mit Hilfe der Texte!

Fledermäuse sind die einzigen Säugetiere, die fliegen können.

Vampirfledermäuse saugen Menschenblut.

Fledermäuse orientieren sich mit für Menschen unhörbaren Echolot-Tönen.

Tagsüber jagen die Fledermäuse Insekten wie Mücken, Fliegen und Käfer.

Es gibt auf der Welt unterschiedlich große Fledermausarten – je nach Art zwischen 4 cm und 160 cm.

2 Schreibe Stichpunkte zu Fledermäusen aus den Texten und dem Steckbrief heraus!

★ Wähle ein anderes Tier, das dich besonders interessiert! Bereite dazu einen Vortrag vor!

Einen Vortrag vorbereiten

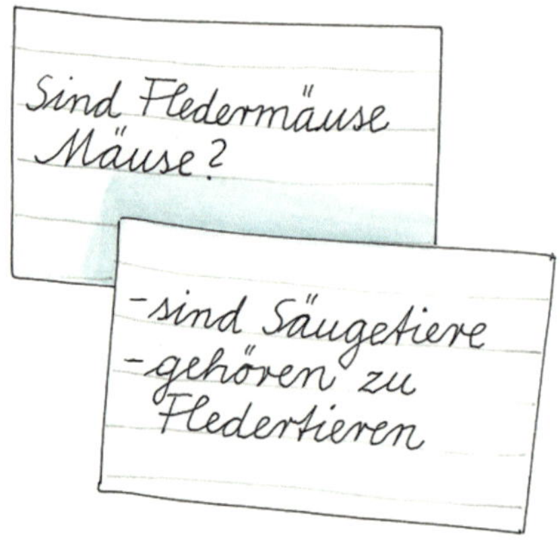

- **Informationen suchen und finden**
  Lisa möchte einen Vortrag über Fledermäuse halten. Sie bereitet Karteikarten vor, auf denen sie ***in Stichpunkten*** *notiert, was sie zum Thema* ***schon weiß*** *und* ***welche Fragen*** *sie noch dazu hat. Auf der Rückseite kann sie später* ***weitere Angaben*** *notieren.*

1 Überlegt: Welche Informationsquellen kann Lisa nutzen?

- **Informationen schnell in Büchern und Texten finden**
  Lisa hat viele Bücher und Zeitschriften über Tiere gefunden. Nun muss sie zu Fledermäusen erst alles sichten.

Inhaltsverzeichnis	
Ritter und Burgen	58–59
Entdecker	60–61
Das 20. Jahrhundert	62–63
Lebendige Welt	64–65
Pflanzen	66–67
Pflanzen essen	70–71
Tiergruppen	72–73
Säugetiere	74–75
Amphibien	76–77
Reptilien	78–79
Fische	80–81
Vögel	82–83

Sachregister:
...
Fichte 69
Fische 73, 80–81
Fischotter 17
Flamingos 17
Fledermäuse 74, 75
Fliegen 82, 83, 84
Flossen 73, 74, 80
Flügel 82, 84
Fluss 5, 16–17, 135
Flut 9
Fossilien 86, 129
Fotografie 33
...

2 Auf welchen Seiten wird Lisa Informationen über Fledermäuse finden?

- **Informationen für einen Vortrag auswählen und ordnen**
  Lisa hat viele Informationen und interessante Bilder gesammelt. Nun notiert sie die Informationen in Stichpunkten:
  – nach vorgegebenen Teilüberschriften,
  – nach eigenen Fragen,
  – nach ...

Einen Vortrag vorbereiten, halten und einschätzen

- **Vortrag vorbereiten**

Lisa ist gut vorbereitet. Sie hat ihre Stichpunktkarten, Bilder und Plakate bereitgelegt. Den ersten Satz des Vortrags hat sie sich auch schon überlegt.

1 Prüft, welcher Satz eine gute Einleitung für den Vortrag ist! Begründet!

Ich soll jetzt einen Vortrag über Fledermäuse halten.

In vielen Vampirgeschichten kommen Fledermäuse als unheimliche Tiere vor.

Sind Fledermäuse gefährlich?

2 Übe, wie du den Vortrag halten möchtest!

- **Vortrag halten**

TIPP **So gelingt dein Vortrag:**
- Sprich frei mit Hilfe der Stichwortkärtchen!
- Sprich laut und deutlich!
- Überlege genau, wo du stehst, damit deine Zuhörer deine Bilder gut sehen können!
- Nimm Blickkontakt mit den Zuhörern auf!
- Du kannst deinen Zuhörern auch ein Merkblatt zum Vortrag austeilen oder dir Quizfragen ausdenken.

- **Vortrag einschätzen**

3 Beratet, nach welchen Kriterien man einen Vortrag einschätzen kann!

Wurde Interessantes und Wissenswertes mitgeteilt?

Was gelang besonders gut?

Wurden die Tipps für den Vortrag beachtet?

...

Tierliebe?

Sieben Baby-Meerschweinchen und zwei Muttertiere sind in einem Karton neben der Mülltonne des neuen Tierheims … ausgesetzt worden. Ein Tierheim-Mitarbeiter entdeckte die „Schneeschweinchen" am 1. Weihnachtsfeiertag.

Wieder kurz vor der Urlaubszeit Tiere ausgesetzt! Spaziergänger fanden einen etwa zweijährigen Schäferhund im Stadtpark, der an einem Papierkorb angebunden war. Das Tier war verängstigt und völlig durchnässt …

1 Hast du auch schon einmal etwas Ähnliches erfahren? Erzähle davon!

★ Finde heraus, warum es Tierheime gibt und was sie leisten! Du kannst auch Informationen eines Tierheimes in deiner Nähe dafür nutzen.

Die Kinder diskutieren, ob es sinnvoll ist, sich ein Haustier zu halten.

2 Fasse die Meinungen in Stichpunkten zusammen und schreibe zum Thema eine Pro-und-Kontra-Liste!

3 Was spricht für und was spricht gegen die Haltung von Haustieren? Tauscht eure Meinung dazu aus! Begründet eure Meinung mit **weil …**, **denn …** oder **da …**!

Zustimmung	Einwand
Ich bin derselben Meinung wie …, weil …	Da bin ich anderer Meinung, weil …
Was … sagt, finde ich richtig, …	Da möchte ich widersprechen, …
Ich finde, dass … Recht hat, denn …	Was … sagt, ist nicht richtig, denn …
Mit der Meinung von … bin ich einverstanden, …	Mit der Meinung von … bin ich nicht einverstanden, …

Wellensittiche artgerecht halten

Der Wellensittich ist ein Haustier, das viel Zuwendung beansprucht. Das neugierige Wesen des Vogels verlangt täglich Beschäftigung und Spiel, vor allem, wenn man vorerst nur ein Tier allein hält. Am wohlsten fühlt sich ein Wellensittich aber mit Artgenossen, denn in der Natur ist er ein Schwarmtier mit viel Familiensinn. Es ist ein besonderes Vergnügen, zu beobachten, wie sich zwei Wellensittiche anfreunden und dann den ganzen Tag mit der gegenseitigen, intensiven Gefiederpflege beschäftigt sind. Wenn man nur einen Wellensittich hat, sollte man sich zumindest viel mit ihm beschäftigen, damit er nicht vor Einsamkeit verkümmert.

4 Lies den Text über die artgerechte Haltung von Wellensittichen und vergleiche die Aussagen mit dem Bild! Sprich darüber!

5 Bildet Expertengruppen zu Haustieren! Diskutiert über die artgerechte Haltung!

6 Entwickelt einen kurzen Merkzettel oder ein Informationsplakat über die Haltung eures Tieres!

7 Wie schätzt ihr eure Arbeit in der Expertengruppe ein? Sprecht darüber!

Hat jeder einen Beitrag geleistet?	Was hat besonders gut geklappt?	...

★ Fertige ein Plakat über die Haltung, Pflege und Ernährung deines Lieblingshaustieres an!

Wörter mit ss und ß

Rätsel

n ist zumeist, was das **F** enthält,
der **H** ist, was die Welt vergällt,
den **P** braucht, wer in ferne Länder zieht,
der **B** gehört zu einem tief gesung'nen Lied.

1 Schreibe die Lösungswörter mit **ss** auf! Markiere die kurzen Selbstlaute (Vokale) vor **ss**!

2 Von drei Nomen aus Aufgabe 1 kannst du die Mehrzahl (den Plural) bilden. Schreibe so: *das Fass – die Fäs -ser, …*

3 Suche zu den restlichen Lösungswörtern aus Aufgabe 1 verwandte Wörter!

4 Ein Buchstabe verändert die Bedeutung:

die Rassel – der Rüssel		die Gosse – die G■sse
die Risse – die R■sse		die Flosse – die Fl■sse
der Schluss – das Schl■ss		die Kasse – die K■sse

5 Finde Reimwörter!

hassen	essen	reißen	fließen
p…	m…	b…	sch…
f…	fr…	h…	g…

6 Schreibe zu den Verben verwandte Nomen auf:
passen, küssen, messen, fließen, reißen, schießen, gießen.
Kennzeichne die kurzen und die langen Selbstlaute (Vokale)!
Schreibe so: *passen – der Pass, küssen – der …*

7 Bilde von folgenden Verben Verbformen wie im Beispiel:
fließen, passen, reißen, küssen, beißen, gießen, fressen.
fließen, er floss, geflossen, …

★ Welches Tier kommt in der Wortleiste vor?
Finde weitere Tiere mit **ss** oder **ß** und schreibe sie auf!

außen
beißen
der Biss
bloß
draußen
das Fass
fassen
der Fleiß
fließen
er floss
der Fluss
er fraß
fressen
die Gasse
die Geheimnisse
der Kloß
der Kuss
küssen
das Maß
messen
er misst
das Schloss
der Spaß
der Strauß

Merke:
der Bus

8 Setze als Brückenwort immer ein Wort aus der Wortleiste auf Seite 60 ein! Schreibe so: *der Nebenfluss – der Flussarm*

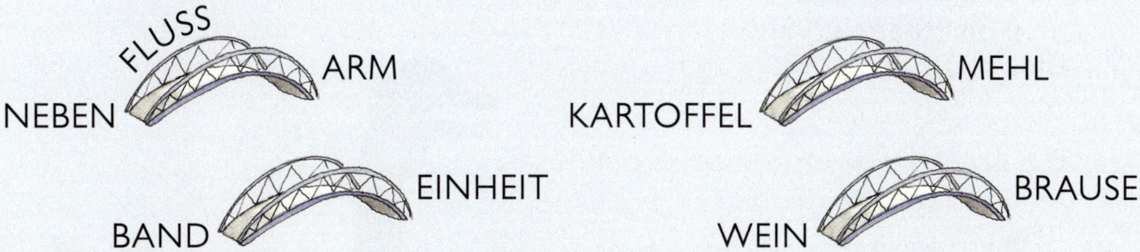

9 **ss** oder **ß**? Setze richtig ein!

ein gro■er Spa■, ein Kü■chen geben, auf eine harte Nu■ bei■en, ohne Flei■ kein Preis, durch eine enge Ga■e gehen, ein Schu■ ins Tor, sehr verge■lich sein, mit dem Bandma■ genau me■en, drau■en und au■en, einen bunten Strau■ pflücken.

10 Bilde aus den Wörtern Nomen mit der Nachsilbe **-nis**!
Schreibe sie in der Einzahl (Singular) und Mehrzahl (Plural) auf!
geheim, ergeben, erleben, erlauben
Schreibe so: *das Geheimnis, die Ge-heim-nis-se, …*

★ Schreibe mit einigen Wörtern aus der Wortleiste Sätze, die zu Tieren passen!
draußen: Der Hund wartet draußen.

11 Ergänze!
Die Motte fr… am wenigsten, weil sie immer nur Löcher …. Der Hase gehört zu den gefrä…igen Tieren, weil er mit zwei Löffeln fri…t.

Zum Üben

Der Biss einer Schlange kann tödlich sein.
Andere Tiere fassen mit ihrem Gebiss schmerzhaft zu.
Sie wollen uns nicht fressen. Sie wehren sich bloß.
Strauße können auch beißen.

Wörter mit ss und ß richtig schreiben; zusammengesetzte Nomen bilden; Nomen mit -nis; Partnerdiktat

Allerlei Tierisches

★ Erzählt eine Geschichte mit Figuren, die ihr im Schattenspiel darstellen könnt!

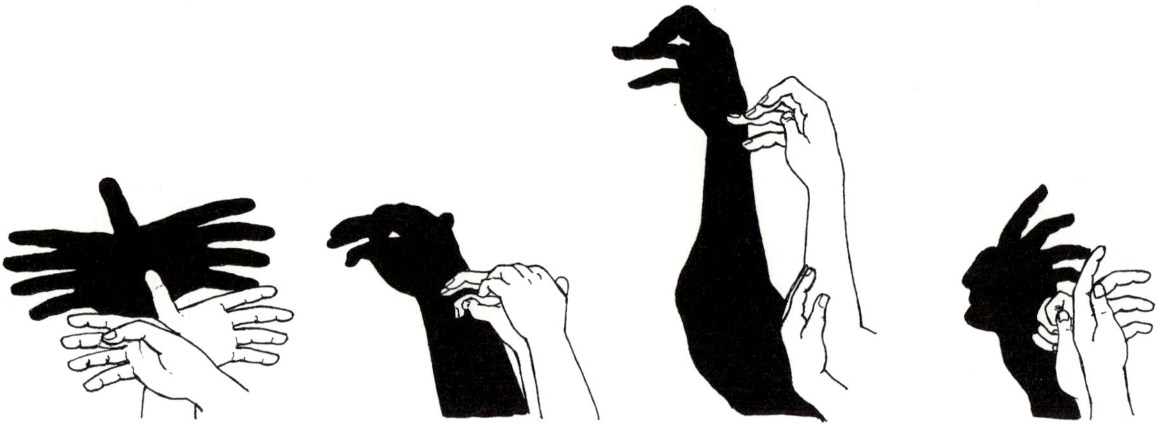

★ Sammelt auch solche Begriffe und erstellt die Tabelle! Ordnet eure Begriffe den Spalten zu!

- Hammerhai
- Ameisenbär
- Sparschwein
- Warzenschwein
- Dreckspatz
- Feldhase
- Computermaus
- Katzenzunge
- Ziegenpeter
- Krokodilsträne
- ...
- ...

<table>
<tr><th>etwas anderes ist gemeint</th><th>ein Tier / Körperteil eines Tieres</th></tr>
<tr><td>Löwenzahn</td><td>Nasenbär</td></tr>
<tr><td colspan="2">Eselsohr</td></tr>
</table>

★ In jeder Reihe gibt es zwei schwarze Schafe.
Nennt sie und begründet eure Entscheidung!
Kuss, Fluss, Maß, Biss, Spaß
beißen, wissen, Strauß, groß, küssen, Stoß
vergessen, reißen, fressen, küssen, fließen, nass

★ Erfindet auch solche Aufgaben!

Kreuz und quer durch unser Land

Guten Morgen, lieber Morgen,
hallo, wir sind auch schon da.
Heute wandern wir hinaus in unser Land.

Guten Morgen, lieber Morgen,
es ist einfach wunderbar
so mit dir ein Stück zu wandern,
zu wandern Hand in Hand.

Monika Ehrhardt

Welche Sehenswürdigkeiten kennst du?
Wo warst du schon einmal?

Bei uns zu Haus – Bi uns tu Hus – Bei uns dahemm

In Deutschland haben wir eine gemeinsame Sprache, die wir lesen und schreiben: das Hochdeutsch. In den verschiedenen Gegenden Deutschlands werden unterschiedliche Mundarten gesprochen. Das klingt manchmal wie eine fremde Sprache.

De Tuun bodden sich,
mr krien Raan.

Wetterregel aus Thüringen

An Feiertage muss mer de Nägel abschneide, da wird mer nie an Zahnschmerze leide.

Aberglaube auf Thüringisch

1 Lies die Texte still!
Trage sie dann mundartlich
und auch hochdeutsch vor!

Ick sitze da und esse Klopps.
Uff eenmal kloppts.
Ick jeh' zur Tür und denk' nanu,
erst war se uff, jetz isse zu.
Ick mache uff und kieke,
und wer steht draußen: Icke!

aus Berlin

En Frau harr söbentein (17) Appel, negen (9) grote und acht (8) lütte. Woans mökt se dat, wenn se de ünner ehr fiev (5) Kinner verdeelen will?
Se mökt Appelmus darvon.

Rätsel auf Plattdeutsch

2 Lest die kleine Begebenheit,
die sich in Sachsen zugetragen hat!
Ihr könnt sie auch vortragen oder spielen!

De beeden Gäse
Ä Gunde will ä Gäse hamm,
dr Händler dut een fassen,
där hängt mit noch een fest zusamm,
als wolltrn nie mähr lassen.
„Verbibbch", so schimpft dr Händler
wild un langt schon nachn Mässer,
da meent dr Gäsegaifer mild:
„Ach Meester, 's is wohl bässer, ich nähmse
alle beede mit, se sin so scheen verwachsen.
Mir dätr färmlich weh, där Schnitt." –
So was gibbts bloß in Sachsen.

★ Suche Sprüche, Wörter oder kleine Begebenheiten in einer Mundart!
Erzähle sie deinen Mitschülern!

Deutschland – Kartoffelland?

Die Kartoffel

Die ursprüngliche Heimat der Kartoffel ist Südamerika. Erst vor 400 Jahren kam die Kartoffel nach Europa. Anfangs bewunderte man sie allerdings nur wegen ihrer schönen Blüten. Auch im Berliner Lustgarten baute man erstmals 1652 eine Kartoffelpflanze an – auch hier nur als Zierpflanze. Den wahren Wert der Kartoffel als Nahrungsmittel entdeckte man erst langsam.
Der Kartoffelanbau setzte sich jedoch nur schwer durch. In Preußen erließ König Friedrich der Große 1756 extra einen Kartoffelbefehl, damit die Bauern die Knolle anpflanzten. Heute gilt die Kartoffel als gesundes und vitaminreiches Grundnahrungsmittel. In Deutschland gibt es unzählige Namen für die Kartoffel, zum Beispiel Erdäpfel, Knollen, Tüften, Krumbern …

1 Lies den Text! Erkläre die unterstrichenen Wörter!
Nutze dabei dein Wissen über Wortfamilien!

★ Sammle weitere Namen für **Kartoffel**!

2 Wie heißen die Kartoffelgerichte? Schreibe zusammengesetzte Nomen!
Pellkartoffeln, …

Salz rösten braten pellen

Klöße Puffer Salat stampfen Brei

3 Schreibe das Rezept in der richtigen Reihenfolge auf!
Achte auf abwechslungsreiche Satzanfänge!

2 kg Kartoffeln,
eine mittelgroße Zwiebel, 4 Eier,
60 g Weizenmehl, etwas Salz,
250 ml Speiseöl (18 Essl.)

Sie heißen auch Reibekuchen oder Plinze oder Kartoffelpfannkuchen oder Balazinken …

… und als Beilage nehmen wir Apfelmus oder Kompott.

die Puffer von beiden Seiten braun und knusprig backen

den Teig esslöffelweise hineingeben und flach drücken

die Kartoffeln schälen und die Schale der Zwiebel abziehen

zu einem Brei vermischen

alles mit Salz würzen

beide Zutaten waschen und reiben

in den Brei 4 Eier und 60 g Weizenmehl rühren

etwas Speiseöl in der Bratpfanne erhitzen

Safari durch eine Landeshauptstadt

Die Klasse 4 a hat eine Safari durch ihre Landeshauptstadt geplant.
Die Kinder wollen bekannte Sehenswürdigkeiten, Straßen und Plätze besuchen.

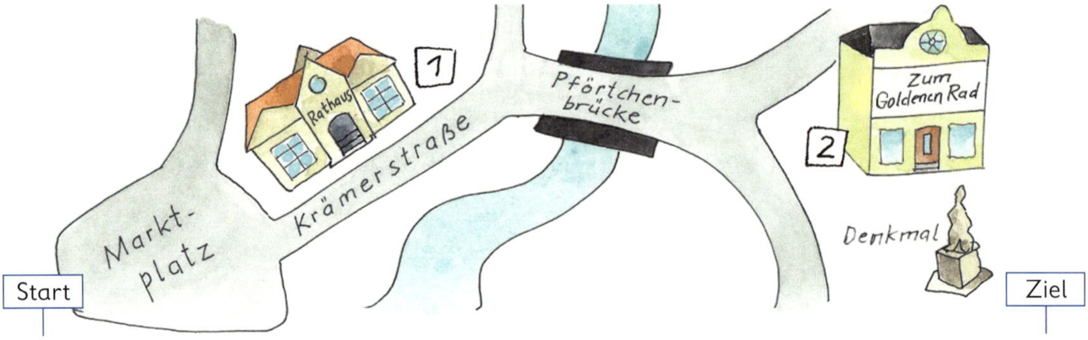

1 Erkläre mit Hilfe der Skizze den Weg, den die Kinder gehen, und ordne die passenden Ortsangaben zu!

Wo beginnt die Stadtsafari?

Wohin geht es zuerst?

Wo ist die erste Station?

Wohin müssen die Kinder nach der ersten Station?

Wo befindet sich das „Hotel zum Goldenen Rad“?

Wo steht das mittelalterliche Denkmal?

am Rathaus
auf dem Marktplatz
hinter der Brücke
über die Pförtchenbrücke
in die Krämerstraße
vor dem Hotel

2 Schreibe die Fragen und die passenden Antworten so auf:
Wo beginnt die Stadtsafari?
– auf dem Marktplatz

★ Gestalte eine Wegskizze für eine Schatzsuche in deinem Ort! Erkläre sie deinen Mitschülern!

Auch **Ortsangaben** sind **Satzglieder**.
Man fragt nach dem **Ort**: **Wo? Woher? Wohin?**
Auch **Präpositionen** wie **an**, **auf**, **hinter**, **neben**, **in**, **über**, **unter**, **vor**, **zwischen** gehören zur **Ortsangabe**.

3 Lege eine Tabelle an!
Verwende die Nomen im richtigen Fall und ergänze:

	Wo? 3. Fall (Dativ)	Wohin? 4. Fall (Akkusativ)
der Berg	auf dem Berg rasten	auf den Berg steigen
der Fluss	sich an ... treffen	an ... kommen
das Schloss	vor ... stehen	vor ... fahren
die Burg	in ... wohnen	in ... gehen
das Denkmal	hinter ... warten	sich hinter ... stellen

4 Lies deine Ergebnisse vor! Sprich deutlich!
Vergleiche die beiden Spalten! Was fällt dir auf?

Bei der Stadtsafari gefiel Tim besonders das „Hotel zum Goldenen Rad“. Er beschreibt es so:

Das Hotel wurde schon vor ungefähr 250 Jahren gebaut. Das Gebäude hat zwei Stockwerke mit sechs Fenstern. Eine große hölzerne Eingangstür führt in das Haus hinein. Über der Tür steht der Name des Hauses in goldenen Buchstaben. Zwischen den Fenstern schmücken Weinblätter die Hauswand.

5 Frage danach,
wo der Name des Hauses steht,
wohin die Eingangstür führt,
wo Weinblätter die Fassade schmücken.
Schreibe so: *Wo steht der Name des Hauses? – über ...*

★ Male auf, wie du dir das Haus vorstellst!

6 Schreibe aus dem Rätsel alle Ortsangaben heraus!

Rätsel
Meine Sehenswürdigkeit steht in einer großen Stadt auf einem großen Platz. Der Platz heißt so wie ein Jungenname.
Meine Sehenswürdigkeit ist das höchste Gebäude in der Stadt.
In 200 m Höhe befindet sich eine Kugel. Darin befindet sich ein Restaurant.

Wörter mit b, d, g am Wortstammende und Wortende

begegnen
beugen
biegen
glauben
graben
handeln
kleben
leben
lieben
siegen
wenden
wiegen
zaubern

1 Wer kennt diese Sagen?

„Die hochmütigen und verschwenderischen Einwohner der Stadt lebten in Saus und Braus und glaubten nicht an die Warnungen der Leute. Da kam in einer stürmischen Novembernacht ein Unwetter auf und die hohen Wellen begruben alles unter sich."

„Zuletzt lebte nur noch ein einziger Riese
in einer Höhle in den Müggelbergen.
Er fühlte sich oft allein und wollte gern heiraten.
Doch es begegnete ihm keine Riesenfrau.
Kurzerhand raubte er eine junge Berlinerin.
Sie liebte aber einen Schmiedegesellen ..."

2 Suche aus den Sätzen die Verben mit **b**, **d** und **g** in der Wortmitte heraus!
Schreibe so: *sie lebten – sie leben, ...*

3 Finde verwandte Nomen zu den Verben:
siegen, zaubern, kleben, wiegen, lieben, handeln, leben.
Unterstreiche immer den Wortstamm: *siegen, der Sieg, ...*

4 Suche verwandte Verben mit der Vorsilbe **ver-** zu:
beugen, wenden, handeln, biegen, graben, lieben, zaubern.
Schreibe so: *beugen – verbeugen, ...*

5 Ergänze die Wortgruppen mit passenden Verben aus Aufgabe 4!

sich vor dem Publikum ...
sich in jemanden ...
über den Preis ...
sich von der Musik ... lassen
den Goldschatz ...
den Draht ...

6 Schreibe alle Reimwörter auf! Unterstreiche die Endungen!

graben	du biegst	sie raubt	er lebte
sch...	du fl...	sie gl...	er kl...
l...	du s...	sie schr...	er w...
tr...	du w...	er schn...	er schw...

Verben mit b, d, g am Wortstammende und am Wortende;
Verben mit der Vorsilbe ver- (Wortbedeutung); verwandte Nomen

AH S.39

7 Sprich die Wörter der Wortleiste deutlich!
Vergleiche die Sprechweise und die Schreibweise!
Was stellst du fest?

8 Schreibe alle Nomen aus der Wortleiste heraus und schreibe sie in der Mehrzahl (Plural) auf!
Zu welchen zwei Nomen gibt es keine Mehrzahlform?
der Abend – die Abende, …

9 Schreibe zu den Nomen abgeleitete Adjektive mit **-ig**, **-lich**, **-isch** und unterstreiche die Nachsilben:
das Land, der Räuber, der Grund, der Feind, der Staub, der Abend, die Farbe, die Schuld, das Gold, die Liebe.
Schreibe so:
das Land – ländlich, der Räuber – räuberisch, …

der Abend
die Burg
fremd
gesund
das Gold
der Grund
klug
das Land
mild
der Mond
das Schild
das Silber
trüb
wild

10 Ordne den Adjektiven aus Aufgabe 9 passende Nomen zu!
ein gesunder Mensch, …

11 Finde das Gegenteil:

krank – gesund	zahm – w…
dumm – kl…	sonnig – tr…
bekannt – fr…	rau – g…

★ Erkläre die Schreibweise der Wörter an den gekennzeichneten Stellen!
der Abschie<u>d</u>, die Urlau<u>b</u>splanung, der Kle<u>b</u>stoff

Zum Üben **b**, **d**, **g** oder **p**, **t**, **k**?
am Aben■essen, den Mon■ betrachten, aben■s feiern,
mit dem Ra■ fahren, auf einen guten Ra■ hören,
das Zel■ aufbauen, gesun■ leben,
einen Chor lei■en, unter Schmerzen lei■en,
mit Gel■ bezahlen, die mil■e Luft einatmen,
das Ge■äck zum Zu■ tragen, das Ge■äck essen,
die Fehler fin■en, sich in der Stun■e melden,
mit dem Flugzeu■ flie■en, die Wel■ von oben sehen,
in ein frem■es Land kommen.

Orte erkunden

Die Klasse 4 a stellt Sehenswertes ihrer Landeshauptstadt zusammen.

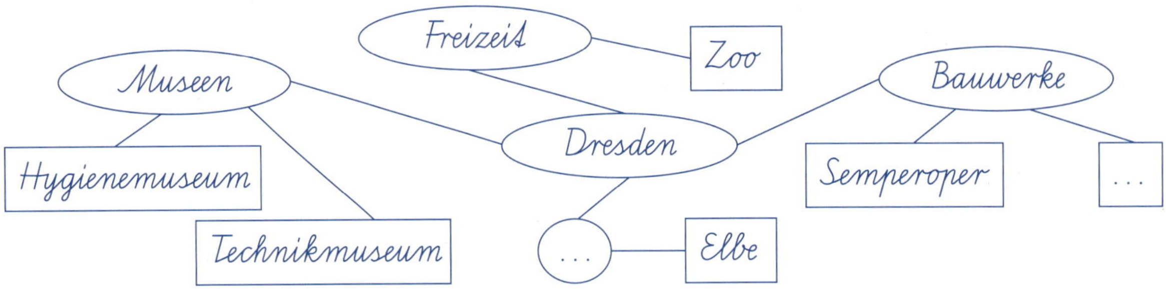

★ Erstellt selbst solche Plakate!

★ Löst die Rätsel!
Denkt euch auch solche Rätsel aus!

Wie heißt die Brücke in Erfurt mit ständig bewohnten Häusern?
a) Kramerbrücke
b) Kranzbrücke
c) Krämerbrücke
d) Erfurtbrücke

Richtige Antwort:
c) Krämerbrücke

Was war das Erfurter Hauptgetränk im Mittelalter?
a) Pfefferminztee
b) Milch
c) Bier
d) Wein

Richtige Antwort:
c) Bier

Wichtige Orte für Kinder

★ Schreibt wichtige Orte für Kinder von eurem Ort oder Ortsteil auf Karteikarten! Schreibt, wenn möglich, die Öffnungszeiten dazu!

Seltsames und Interessantes

Es gibt schon Seltsames, Wundersames
und Interessantes auf der Welt.
Um es zu entdecken, muss man sehr aufmerksam
hinsehen, zuhören oder lesen:
Ein kleines Mädchen stemmt sein Pferd in die Höhe,
ein Narr tanzt mit 120 linken Schuhen auf dem Seil,
ein gelähmter Junge fährt Skibob
und ein Fahrradanhänger wird zum Kinderzimmer.
Alles Märchen – oder wahr?

Wer sind die Figuren auf dem Bild?
Welche seltsamen und interessanten
Dinge erleben sie?

Wie Eulenspiegel auf dem Seil tanzte

Als Till Eulenspiegel ein sehr junger Mann war, hatte er wenig Freude am Erlernen eines Handwerks. Aber er hatte viele Dummheiten und Narrheiten im Kopf. So wollte er unbedingt das Seiltanzen lernen. Bei seinem ersten Auftritt fiel er vor den staunenden Menschen seines Dorfes ins Wasser. Alle lachten ihn aus, verspotteten und verhöhnten ihn.

Als einige Zeit vergangen war, spannte Till wieder einmal sein Seil aus. Dieses Mal zwischen zwei anderen Häusern. Natürlich kamen die Kinder wieder angerannt, auch die Bauern und Bäuerinnen kamen. Sie lachten und machten Witze über Till und fragten, ob er abermals vom Seil fallen wolle. Einige riefen, er müsse unbedingt herunterfallen, sonst mache ihnen die ganze Sache keinen Spaß.

Eulenspiegel aber sagte: „Heute zeige ich euch etwas noch viel Schöneres. Ihr müsst nur eure linken Schuhe ausziehen und sie mir aufs Seil geben. Sonst kann ich das Kunststück leider nicht machen." Erst wollten sie nicht recht. Doch dann zog einer nach dem anderen seinen linken Stiefel aus und schließlich hatte Till hundertzwanzig linke Schuhe vor sich liegen! Er knüpfte sie mit den Schnürsenkeln zusammen und kletterte, mit dem Stiefelberg beladen, aufs Seil hinauf.

Unter ihm standen hundertzwanzig Zuschauer und jeder von ihnen hatte nur noch einen Schuh an. Eulenspiegel ging nun, vorsichtig balancierend, mit dem riesigen Schuhbündel Schritt für Schritt auf dem Seil vorwärts. Als er in der Mitte des Seils angekommen war, knüpfte er die Senkel auf und rief: „Aufgepasst!" Und dann warf er die hundertzwanzig Schuhe auf die Straße hinunter. „Da habt ihr eure Pantinen wieder!", rief er lachend. „Passt aber gut auf, dass ihr sie nicht vertauscht!" Da lagen nun hundertzwanzig Schuhe auf der Straße …

1 Lest die Geschichte oder lasst sie euch vorlesen!

2 Überlegt in Gruppen, wie die Geschichte weitergehen könnte! Einer aus der Gruppe trägt vor, was ihr euch ausgedacht habt!

★ Besorge dir ein Till-Eulenspiegel-Buch und lies die Geschichte über Eulenspiegel als Seiltänzer! Erzähle, wie sie endet!

3 Im Text findest du unterschiedliche Wörter für Schuhwerk.
Schreibe sie als Wortgruppen heraus!
eure linken Schuhe, …

4 Alle Leute aus dem Dorf suchen ihre Schuhe.
Sammle Wortgruppen, die ausdrücken, wie ärgerlich sie sind:
ärgern sich, …

Man kann die Geschichte auch so schreiben, als wäre man selbst dabei gewesen. Alexander schreibt so:

> Eines Tages wollte Till wieder auf dem Seil tanzen. Ich bin mit meinen Freunden schnell auf den Dorfplatz gelaufen. Till stand schon oben auf dem Seil. Da rief ich: „Na, willst du wieder ins Wasser fallen?" Aber Till sagte: „Gebt mir alle eure linken Schuhe, ich zeige euch dann etwas sehr Schönes." …

5 Alexander hat in der **Ich-Form** geschrieben.
Lies die beiden Sätze, die das deutlich machen!

6 Schreibe nun den Rest der Eulenspiegel-Geschichte in der **Ich-Form**!
Nutze die wörtliche Rede, damit deine Geschichte lebendig wirkt!

Erinnere dich:
Die **wörtliche Rede** steht in **Anführungszeichen**.
Lisa fragt: *„Wie war es?"*
______: „..........?"
Begleitsatz — wörtliche Rede

7 Sammelt Ideen, wie man eine eurer Geschichten spielen könnte!

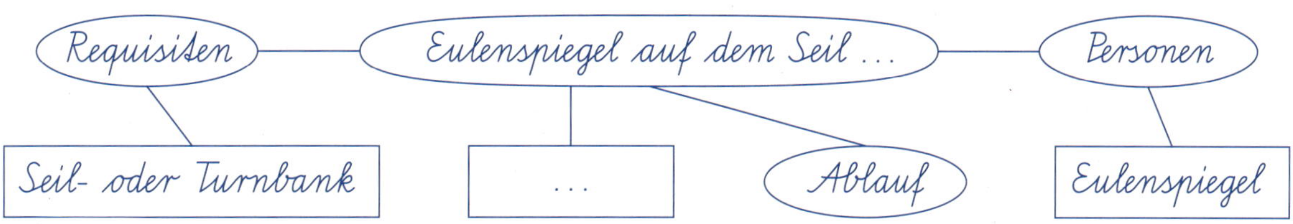

★ Spielt eure Geschichte vor!

Eine total verrückte Person

Astrid Lindgren

Pippilotta

Ich heiße Pippilotta Viktualia Rollgardina Pfefferminz Ephraimstochter Langstrumpf, habe rote Haare und viele Sommersprossen. Jeden Tag kommen zwei neue dazu. Seit einigen Wochen wohne ich mit meinem Pferd und dem Äffchen, Herrn Nilsson, in der Villa Kunterbunt. Wenn ich gute Laune habe, stemme ich mein Pferd dreimal in die Höhe. Ich bin 10 Jahre alt, aber im Jahre 2045 werde ich schon 100 Jahre alt sein. Denn seit dem Jahr 1945, also sehr lange, liegen Bücher über mich in den Buchhandlungen der ganzen Welt.
Wer ich bin? Ich bin eine Buchfigur, eine sehr wunderliche, sehr lustige und sehr merkwürdige Person. Die Schriftstellerin Astrid Lindgren hat mich erfunden. Und wenn du deine Nase in mein Buch steckst, wirst du mit mir schon bald ganz verrückte Sachen erleben.

1 Wie alt wirst du im Jahre 2045 sein?

2 Frage nach den unterstrichenen Wortgruppen im Text und schreibe die Antworten auf! Schreibe so:
Wann? – jeden Tag, … *Wie oft? …*
Seit wann? … *Wie lange? …*

★ Welche Bücher von Astrid Lindgren kennst du noch? Stelle ein Buch von Astrid Lindgren vor!

3 Schreibe den Text ab und markiere die Zeitangaben!

Majas Lieblingsbuch ist Ronja Räubertochter.
Sie kennt es schon lange und liest es immer wieder.
Astrid Lindgren hat es 1981 geschrieben. Verfilmt wurde es im Jahre 1984. Den Film könnte sich Maja jeden Tag ansehen.

Zeitangaben sind wie die **Ortsangaben Satzglieder**.
Man fragt nach der **Zeit**: **Wann? Seit wann? Wie lange? Wie oft? Bis wann?**

Pippi fährt <u>im Sommer</u> ins Taka-Tuka-Land.
Dort lebt <u>seit Jahren</u> ihr Vater.
Pippi will sechs <u>Monate</u> bleiben.
Ihre Freunde dürfen <u>in diesem Jahr</u> mit.
<u>Bis zum Sommer</u> müssen sie sich gedulden.
Sie wollen <u>noch viele Male</u> mitfahren.

4 Frage nach den unterstrichenen Zeitangaben!
Schreibe so: *Wann fährt Pippi? – im Sommer*

5 Durch Ortsangaben und Zeitangaben erfährst du mehr!
Erweitere den Satzbauplan!
Bilde sinnvolle Sätze!

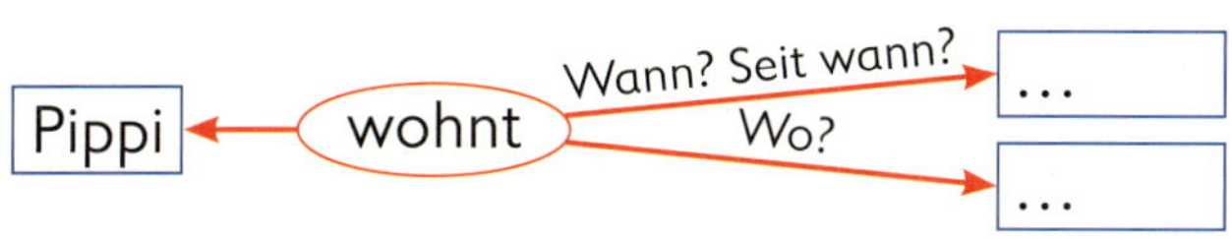

seit Jahren
im Taka-Tuka-Land
schon einige Tage
in der Villa Kunterbunt
viele Wochen
auf dem Schiff Hoppetosse

★ Stelle einen deiner Sätze um,
so oft es geht.
Seit Jahren wohnt Pippi ...

6 Bilde einige Sätze mit diesen oder anderen Orts- und Zeitangaben:

am Nachmittag	auf dem Gartenzaun sitzen
am Morgen	in den Zirkus gehen
stundenlang	in den hohlen Baum klettern
in der Stunde	vom Schornstein springen
einen ganzen Tag lang	im Garten den Affen Nilsson suchen
mehrere Stunden	auf dem Fußboden das Pferd malen

Menschenskinder

Die Kinderzeitschrift GEOlino stellt unter der Rubrik „Menschenskinder“ regelmäßig interessante Menschen vor.

SCHWEIZ

EIN BRETT REICHT

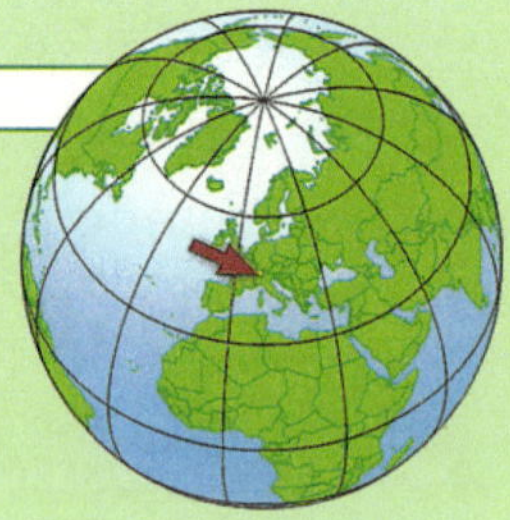

Die Kurve ist zu eng: zack! Schon liegt Fabian im Schnee, umgekippt! Noch fällt es dem Neunjährigen schwer, in seinem Monoskibob – einer Plastikschale auf einem einzigen Ski – das Gleichgewicht zu halten. Viel lieber würde er ganz normal auf zwei Brettern wedeln. Die aber könnte er kaum bremsen: Der Junge aus dem schweizerischen Spiez ist seit seiner Geburt von den Knien abwärts gelähmt. Im Alltag fällt das kaum auf; Schienen stützen seine Beine. „Beim Hockey bin ich der beste Torwart“, sagt Fabian. Seit Kurzem lernt er nun, Skibob zu fahren, den er allein durch Gewichtsverlagerung lenken und stoppen kann. Eine wacklige Sache bislang. Aber neulich raste er einen Hang hinunter. Fahrtwind streichelte ihn. Fabian dachte nur: „Wow! Geht doch!“

1 Lest den Text still und tauscht euch anschließend darüber aus!

2 Schreibe in Stichpunkten auf, was du über den besonderen Skibobfahrer erfahren hast!

3 Was hätte dich noch interessiert? Schreibe deine Fragen auf!

4 Besorge dir die Zeitschrift Geolino aus der Bibliothek und lies über andere interessante „Menschenskinder“ nach. Sprich darüber in deiner Klasse!

★ Informiere dich im Lexikon oder im Internet darüber, was Paralympics sind, und teile es deinen Mitschülern mit!

Frankreich

In der ganzen Welt zu Hause

Viel Platz hat Ulysse auf seinem Anhänger nicht. Wenn es ruckelt und schaukelt, muss er sich sogar festhalten, um nicht herunterzufallen. Trotzdem kann sich der achtjährige Franzose kein schöneres Kinderzimmer vorstellen als den engen Fahrradanhänger, in dem er durch 35 Länder gerollt ist. Sechs Jahre lang radelten Ulysse und seine Eltern mit ihrem Tandem-Gespann durch die Welt. Ein Dauer-Abenteuer! „In Afrika versuchten zwei Geparden, meinen Teddy zu stehlen", erzählt er. In Indien sah Ulysse Kinder in Steinbrüchen arbeiten. In Ecuador tanzte er mit Ureinwohnern (kleines Foto). Und überall fand er Freunde. Ulysse will sie unbedingt wiedersehen. Vorerst aber bleibt das Tandem in der Garage. Seine Eltern wollen, dass er in Frankreich zur Schule geht. In die Pedale treten und Lehrer spielen, das ist ihnen auf Dauer doch zu anstrengend.

1 Betrachte die Bilder und beschreibe, was du siehst!

2 Lies den Text! Was hältst du von solch einem Abenteuer?

3 Suche die Stelle, wo Ulysse (sprich: Ülliss) selbst erzählt!

4 Ulysse schreibt nach seiner Rückkehr für die Schülerzeitung seiner Schule einen Artikel. Schreibe ihn weiter!

In der ganzen Welt zu Hause
Viel Platz hatte ich auf meinem Anhänger nicht.
Wenn es ruckelte und schaukelte, musste ich mich …

Auf die Zeitformen achten!

★ Was steht auf dem Fahrradanhänger? Versuche einzelne Wörter zu übersetzen!

In der **Ich-Form** schreiben!

Wörter mit h nach langem Selbstlaut (Vokal)

Ich nehme die Sache selbst in die Hand.

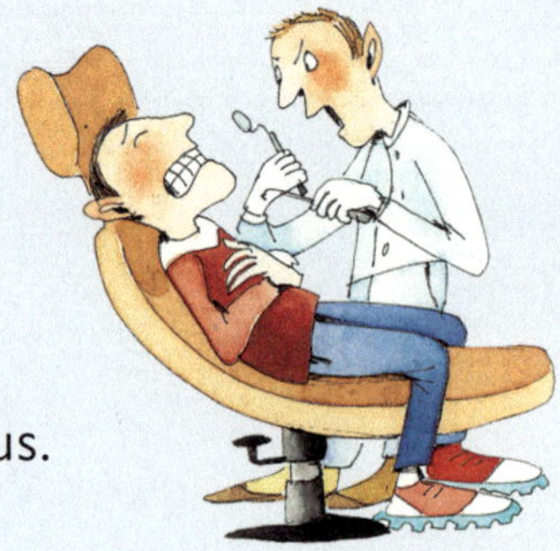

Eine Krähe hackt der anderen kein Auge aus.

Man kann die Hand nicht vor Augen sehen.

Man muss die Zähne zusammenbeißen.

die Ehre
die Erfahrung
die Gefahr
die Lehne
der Lehrer
die Lehrerin
der Lohn
die Mühe
die Mühle
die Nähe
die Nahrung
die Ruhe

Merke:

beinahe
ehe
ungefähr
während
zehn

1 Was bedeuten diese Redewendungen? Erklärt sie!

2 Schreibe alle Wörter mit **h** nach langem Selbstlaut (Vokal) heraus!

3 Lies die Nomen in der Wortleiste! Ordne sie nach den unterstrichenen langen Selbstlauten!

a/ä	e	o	u/ü
Gefahr			

4 Bilde mit einigen Nomen der Wortleiste Wortfamilien und unterstreiche immer den Wortstamm!
die Ehre, ehren, ehrlich, geehrt, …

5 Bilde Sätze und verwende darin die Verben aus den Wortfamilien als Prädikat!
Die Klasse ehrt den besten …

★ Schreibe einen lustigen Satz, in dem möglichst viele Wörter einer Wortfamilie vorkommen!

6 Verwende die Merkwörter in je einer Wortgruppe!
beinahe verlaufen, …

Wörter ohne h nach langem Selbstlaut (Vokal)

erholen
klar
quälen
rasen
schälen
schnüren
schonen
spülen
stören
strömen

Merke:

damals
denen
gar nicht
zwar

1 Lies die Verben der Wortleiste und schreibe zu jedem Verb ein passendes Nomen auf!
Schreibe so: *erholen – die Erholung, …*

2 Reime weiter!

der Laden	das Leben	war
der F…	das B…	kl…
wir b…	wir w…	zw…

3 Welche Merkwörter hast du noch nicht geschrieben?
Schreibe sie auf!

4 Was passt zusammen? Bilde zusammengesetzte Nomen!

die Tür das Paket der Schal der Kran

die Schnur die Wolle der Flur der Fahrer

Schreibe so: *der Wollschal, …*

5 Bilde Sätze und verwende darin die zusammengesetzten Nomen aus Aufgabe 4 als Subjekt!
Der Wollschal schützt vor Erkältung.

6 Welches Wort passt? Entscheide richtig:

ein Buch … – eine … Nuss
ein Bild … – das Korn …
den … im Meer beobachten – die … gewinnen

holen – hohl
malen – mahlen
Wal –Wahl

★ Erfinde auch ein Wortspiel!

Zum Üben

- ungefähr zehn Zentner Mehl mahlen,
- sich im Urlaub in Ruhe erholen,
- Nahrung für die Tiere holen,
- den Lehrer nicht stören,
- einen ehrlichen Eindruck machen,
- beinahe in Gefahr geraten.

Interessante Leute und Erfindungen

Die Kinder der Klasse 4 a haben interessante Leute ihres Heimatortes befragt. Sie stellen ihre Ergebnisse auf Plakaten vor.

Interview mit einem Hobby-Motorsportler

1. Welchen Motorsport betreiben Sie als Hobby?
   Motocross.
2. Wie lange fahren Sie schon Motocross?
   Seit ich 15 Jahre alt bin.
3. Wie kamen Sie zu diesem Hobby?
   Schon als 12-jähriger Junge habe ich mir ein Moped zusammengebastelt.
4. Welche Maschine fahren Sie jetzt?
   Eine HONDA CR 250.
5. Wie oft trainieren Sie?
   Einmal in der Woche.
6. Ist Motocross nicht gefährlich?
   Nicht gefährlicher als andere Sportarten. Man trägt ja Schutzkleidung.
7. Würden Sie Ihre Kinder auch Motocross fahren lassen?
   Ich schon, aber ihre Mutter ist dagegen.
8. Haben Sie schon einmal einen Pokal gewonnen?
   Ja, schon öfter.

Erkundigt euch nach interessanten Personen und bereitet ein Interview vor:
- Bittet um einen Termin!
- Überlegt vorher, welche Fragen ihr stellen wollt!
- Wer notiert die Antworten?
- Wo und wie wollt ihr die Ergebnisse der Befragung vorstellen?

Fertigt Quiz-Spielkärtchen zu Erfindungen an!
Nutzt dazu Lexika und das Internet!

Wann und wo gab es die erste Eiscreme?
a) vor 4000 J. in China
b) vor 2000 J. in Rom
c) vor 100 J. in Neapel

Wo wurde die Glühlampe erfunden?
a) in Deutschland
b) in England
c) in Amerika

Im Frühling

Saatengrün, Veilchenduft,
Lerchenwirbel, Amselschlag,
Sonnenregen, linde Luft!
Wenn ich solche Wörter singe,
braucht es dann noch große Dinge,
dich zu preisen, Frühlingstag?

Ludwig Uhland

Finde „Frühlingswörter“ wie im Gedicht!

Frühlingsmusik

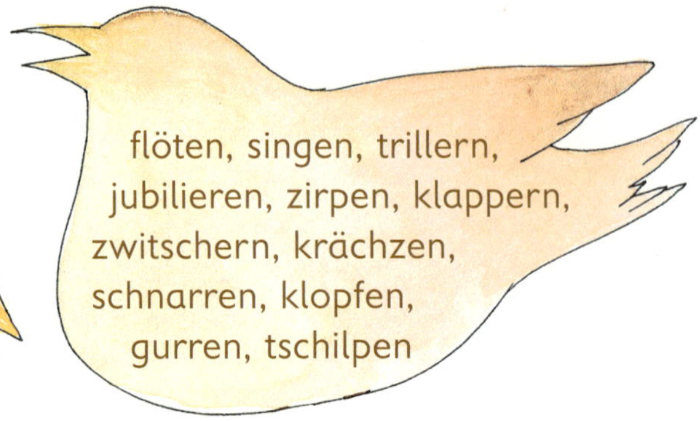

1 Ordnet den Vögeln treffende Verben zu! Fragt euch gegenseitig so:
Wer flötet? Wer singt?

2 Schreibe mindestens fünf Antworten auf:
Die Amsel flötet. Der Specht …

3 Ergänze deine Satzkerne (Subjekt und Prädikat) mit einem Objekt (einer Ergänzung), einer Ortsangabe oder einer Zeitangabe!

Der Specht | *klopft* | *mit seinem Schnabel*.

Die Amsel | *flötet* | *am Morgen* | *im Fliederbusch*.

4 Stelle einen deiner Sätze so oft wie möglich um!
Bilde auch Fragesätze!
Im Fliederbusch flötet …

Frühlingsbotschaft
Die Vögel sind zurückgekehrt■ Sie bauen wieder ihre Nester■
Ihr fröhliches Gezwitscher hören wir im Wald, im Park, auf dem Feld, im Garten und in der Stadt■ So ein Lärm■
Erkennt ihr die fröhlichen Sänger■ Hört genau zu■

5 Schreibe die Sätze ab und setze die richtigen Satzzeichen!
Markiere in jedem Satz das Prädikat!

Die Vögel *sind zurückgekehrt*.

★ Finde heraus, warum man im Frühling keine Hecken schneiden soll!

Frühlingsboten

1 Bringe einen Frühlingsboten mit in die Schule!
Verrate aber noch niemandem, was es ist!

2 Beschreibe deinen Frühlingsboten in einem Rätsel und bastle dir eine Rätseltasche!

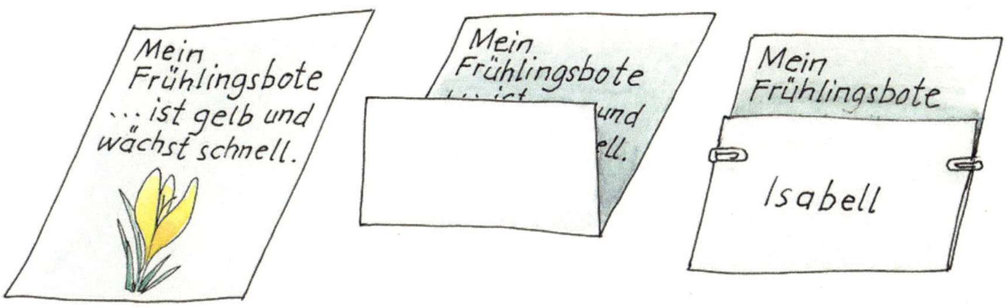

3 Tauscht eure Rätseltaschen und findet die Lösung!
Stellt einen Frühlingstisch mit den Frühlingsboten zusammen!

4 Wähle einen der Frühlingsboten aus, zu dem du ein Gedicht schreiben möchtest! Sammle Wörter oder Wortgruppen dazu!

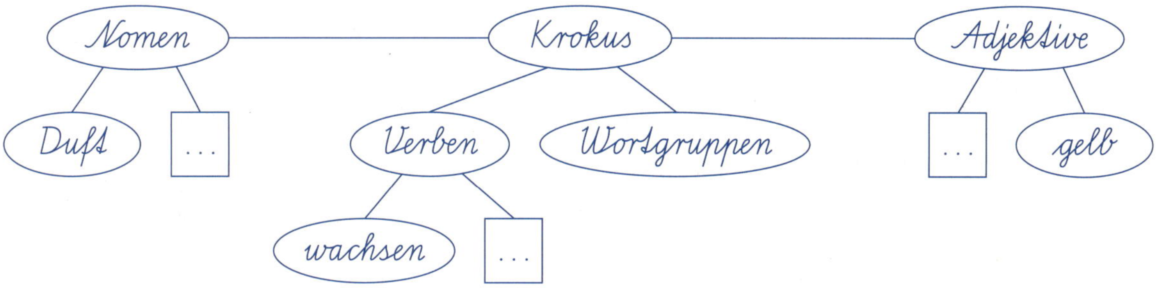

5 Schreibe nun dein kleines Gedicht!

★ Wenn du Reimwörter sammelst, kannst du auch versuchen, ein gereimtes Gedicht zu schreiben!

Frühlingszeit – Spielezeit

Endlich wieder längere Tage! Endlich wieder draußen spielen!

Spielanleitung für ein Hüpfspiel
- *Hüpfplan wie in der Skizze auf den Boden zeichnen*
- *Wurfstein in der Reihenfolge der Wochentage in Felder werfen*
- *auf einem Bein von Feld zu Feld springen*
- *das Feld, auf dem der Stein liegt, überspringen*
- *auf dem Rückweg den Stein mitnehmen*

1 Alex erklärt seinem Freund das Hüpfspiel. Welche weiteren Aufforderungen müssen folgen? Schreibe sie auf!
Zeichne zuerst den Hüpfplan wie in der Skizze auf den Boden!
Wirf einen ...

2 Schreibe die Formen der Verben so in eine Tabelle:

Grundform	*2. Person Einzahl*	*Aufforderung*
zeichnen	*du zeichnest*	*zeichne*
werfen	*du wirfst*	*wirf*

★ Sammelt weitere Spielideen für draußen!
Fragt eure Eltern, Großeltern und Geschwister!

Bude bauen einmal anders
Für ein Bohnenzelt musst du schon im Frühjahr
mit dem Aufbau beginnen.
So geht es:
Du nimmst sechs Stangen und steckst sie
kreisförmig in die Erde.
Du bindest sie oben
mit einer dicken Schnur zusammen.
Du pflanzt um jede Stange sechs Bohnen.
Du gießt die Pflanzen regelmäßig.

3 Schreibe den Text als Aufforderung auf!
Nimm sechs Stangen und stecke sie kreisförmig in die Erde! ...

Frühlingsbräuche

In früheren Zeiten war der Winter eine harte Zeit. Sehnsüchtig erwarteten die Menschen das Ende des Winters. Bis heute haben sich viele Bräuche erhalten, den Winter zu vertreiben und den Frühling zu empfangen.

Das Veilchenfest: In Sachsen-Anhalt sagt man, wer das erste Veilchen des Jahres findet, der darf sich etwas wünschen. Es wird gewiss in Erfüllung gehen.

Das Winteraustreiben war ein Fangspiel zwischen Kindern und jungen Leuten. Durch das Los wurde einer von ihnen zum Winter bestimmt und von den anderen zum Dorf hinausgejagt.

30. April – Walpurgisnacht
In der Nacht vor dem 1. Mai reiten der Sage nach die Hexen auf Besen, Katzen oder Ziegenböcken auf den Blocksberg im Harz, um mit dem Teufel zu tanzen. In dieser Nacht sind alle Zaubermächte losgebunden. Für Kinder ist die Walpurgisnacht ein Anlass, in den Abend hinein ein Hexenfest mit Kostümen, Lampions und Zauberei zu feiern.

1 Wie wird in deiner Familie oder in deinem Heimatort der Frühling begrüßt?
Mach dir Stichpunkte dazu und halte einen kleinen Vortrag!

2 Ein lustiger und alter Brauch ist es, jemanden in den April zu schicken.
Welche Aprilscherze kennst du?
Welche findest du gut, welche schlecht?

3 Begründe, warum diese Zeitungsmeldungen Aprilscherze sind!

Pritzwalk. Hundebesitzer können sich auf das nächste Jahr freuen. Dann stehen für die Vierbeiner gebührenpflichtige Hundetoiletten an jeder Straßenecke bereit. Die Benutzung kostet voraussichtlich 3,50 €.

Wittstock. Heute laden wir Sie ab 14.00 Uhr zu einer Autosafari durch den Wittstocker Stadtwald ein. Sie können Zebras, Elefanten, Antilopen und Löwen beobachten. Treffpunkt ist der große Wasserfall am Eingang des Stadtwalds. Vergessen Sie nicht, Ihr Fernglas mitzubringen!

Wörter mit ie

1 Wähle sechs Verben aus der Wortleiste und übe so:

Grundform	2. Person Einzahl	Aufforderungen in Einzahl und Mehrzahl
biegen	du biegst	biege, biegt
…	du …	…

biegen
dienen
fliegen
fliehen
kriechen
mieten
probieren
riechen
schmieren
sieben
siegen
wiegen

2 Bilde Verbformen von diesen Verben:
biegen, fliehen, wiegen, kriechen.
Schreibe so: *biegen, bog, gebogen*
fliehen, floh, geflohen

3 Übe auch diese Verben wie in Aufgabe 2!
fließen, gießen, schießen, schließen

4 Bilde aus den Nomen Verben mit **-ieren**!
Probe, Buchstabe, Kontrolle, Marke, Sorte
Schreibe so: *die Probe – probieren, …*

★ Welche Verben mit **-ieren** kannst du aus diesen Nomen bilden?
Schreibe sie auf!
Multiplikation, Recherche, Notiz, Addition, Subtraktion

5 Schreibe die Verben untereinander auf:
heißen, laufen, rufen, schlafen, blasen, fallen,
stoßen, halten, bleiben, steigen, scheinen, schreiben.
Bilde dann die 3. Person Einzahl, Präteritum:
heißen – er hieß
laufen – er lief

6 Teekesselraten: Schreibt die Lösung auf!
Erfindet auch für die anderen Teekesselwörter Umschreibungen!

7 Wähle fünf Nomen aus der Wortleiste aus und schreibe dazu Wörter aus der Wortfamilie! Unterstreiche Nomen blau, Verben rot und Adjektive grün!
der Dienst, dienstlich, …

8 Wer oder was ist *niedrig, neugierig, schief, zierlich?*
Schreibe so:
Das Schiff ist niedrig. – das niedrige Schiff

★ Erkläre die unterschiedliche Schreibung der unterstrichenen Wörter:
Endlich scheint die Sonne wieder.
Die Weide spiegelt sich im Wasser wider.

9 Schreibe die Lösungswörter auf!
Die Wörter aus der Wortleiste helfen dir!

- ein anderes Wort für Muster, Vorbild
- darauf fährt die Straßenbahn
- Scheewittchens Stiefmutter hat ihn täglich befragt
- jemand, der viel wissen möchte, ist …

10 Bilde zusammengesetzte Nomen und schreibe sie mit dem richtigen Artikel auf!

mieten	die Ehrung
der Sieger	die Wohnung
das Knie	der Schutz

das Beispiel
der Dienst
das Knie
der Krieg
die Miete
neugierig
nieder
niedrig
niemals
niemand
schief
die Schiene
der Sieger
der Spiegel
der Unterschied
zierlich

Zum Üben

Im Frühling
Auf den Wiesen sprießt das erste Gras. Viele Blumen wiegen sich im Wind. Bienen fliegen umher. Überall können wir den Frühling schon riechen. Störche stolzieren über die Wiese. Neugierig schauen wir zu, wie sie ihr Nest auf einem Dach bauen. Dabei dürfen wir sie niemals stören.
Vielleicht kommen sie im nächsten Jahr wieder.

Frühlingsgeschenke

Flaschengarten zum Muttertag

★ Lege einen Flaschengarten an!
Du kannst auch die Anleitung
zu einem Flaschengarten verschenken!
Formuliere sie als Aufforderung!

Bedecke den Boden eines Glases mit Kies. Schütte Erde auf. …

So wird er gemacht:

1. Boden mit grobkörnigem Kies bedecken
2. Erde aufschütten
3. Wurzeln und Blätter der Pflanzen kürzen
4. die größten Pflanzen zuerst einsetzen
5. Erde fest andrücken
6. Pflanzen mit Wasser besprühen
   und das Gefäß schließen

Türgedicht für den Frühling

★ ✎

- Schreibe ein Frühlingsgedicht auf ein buntes DIN-A4-Blatt.
- Gestalte es mit Bildern oder Aufklebern.
- Stecke es in eine Klarsichtfolie und loche sie am oberen Rand.
- Ziehe ein farbiges Band durch und knote es zusammen.
- Befestige passende Dekorationsmaterialien oder einen Frühlingszweig an deinem Türgedicht.
- Hänge dein Gedicht als Willkommensgruß an die Eingangstür.

Unsere Welt

Du, Erdenball,
der du ruhelos rollst
durch das All,
hab dich so gern,
sorge mich so um dich,
blauer Stern.

Gerhard Schöne

Was interessiert dich besonders an Sternen,
Planeten und dem Weltall?

Weltraumforscher

Den Himmel beobachten

Stonehenge in der Nähe von Salisbury, England

Schon vor vielen Tausenden von Jahren haben die Menschen den Himmel beobachtet. Davon zeugt zum Beispiel das Steinkreis-Monument in Stonehenge in England, das vor über 5000 Jahren errichtet wurde. Viele Forscher meinen, dass dieser gewaltige Steintempel der Beobachtung des Laufes der Sonne und des Mondes gedient haben könnte. Über einen Zeitraum von 1000 Jahren wurde daran immer wieder gebaut.

Auch die berühmte Himmelsscheibe von Nebra – sie heißt so, weil sie bei der Stadt Nebra in Sachsen-Anhalt gefunden wurde – dient als Beleg für das Interesse der Menschen an Sonne, Mond und Sternen. Sie soll 3600 Jahre alt sein.

Am 12. April 1961 wurde dann ein Menschheitstraum wahr: Der Kosmonaut Juri Gagarin umrundete als erster Mensch in der Raumkapsel „Wostok" einmal die Erde. Der Flug dauerte 108 Minuten.

Acht Jahre später, am 20. Juli 1969, gelang die erste bemannte Mondlandung. Von der Erde aus brauchte das Raumschiff „Apollo 11" drei Tage bis zur Umlaufbahn des Mondes. Immerhin ist der Mond ungefähr 384 000 Kilometer von der Erde entfernt. Die ersten Menschen, die ihre Füße auf den Mond gesetzt haben, waren die amerikanischen Astronauten Neil Armstrong und Buzz Aldrin. Nach zwei Stunden und 31 Minuten war ihr Aufenthalt auf der Mondoberfläche zu Ende.

1 Stelle Fragen zum Text! Die Antworten müssen im Text zu finden sein. Verwende Fragewörter zu Orts- und Zeitangaben!

2 Schreibe mindestens zwei Fragen und Antworten auf!

★ Finde heraus, was ein Stern, was ein Planet und was ein Mond ist!

Weltraumstation

1 Bildet mit den Satzgliedern sinnvolle Sätze!

die internationale Raumstation ISS | du | kennst

das größte Weltraumlabor aller Zeiten | sie | ist | seit 2010

an diesem Forschungsprojekt | 16 Nationen | seit 1998 | sind | beteiligt

umkreist | die Erde | alle 90 Minuten | die ISS

in einer Höhe von rund 400 Kilometer

in klaren Nächten | sie | sehen | du | kannst | am Himmel

2 Zeichne für einen deiner Sätze einen Satzbauplan!
Dein Satz muss nicht alle Satzglieder enthalten!

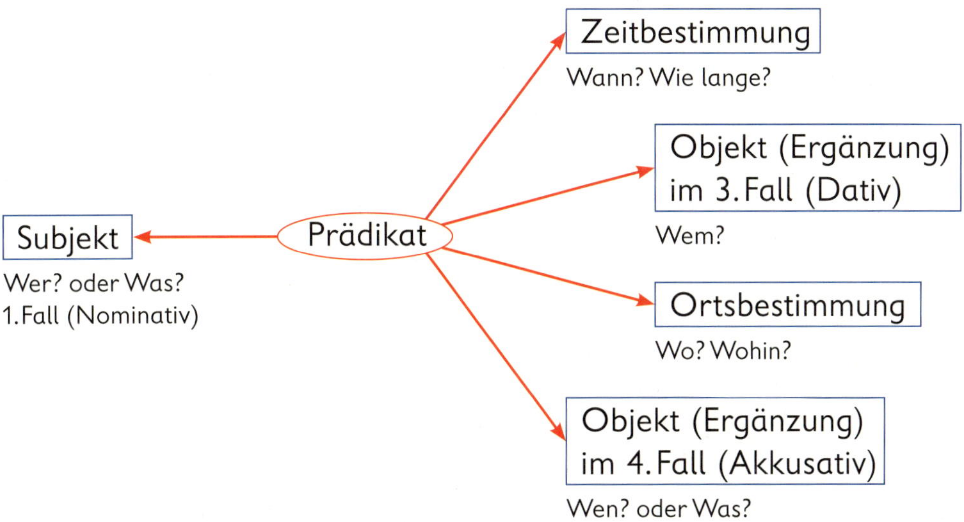

★ Informiere dich im Internet über den neuesten Stand der Arbeit der ISS!

Faszination Erde

Die Kinder der Klasse 4 b haben Informationen zu faszinierenden Themen aus aller Welt gesammelt und stellen sie vor.
Die erste Gruppe hat sich mit Pyramiden beschäftigt.

Nina: Wir sind fasziniert von Pyramiden.
Tom: Sie stehen in Ägypten.
Lisa: Sie wurden als Begräbnisstätten für Pharaonen gebaut.
Sofie: Wisst ihr, wie die größte Pyramide heißt?

1 Schreibe die Sätze als wörtliche Rede mit Begleitsätzen auf!
Verwende in den Begleitsätzen unterschiedliche Verben!
Nina sagt: „Wir sind fasziniert von Pyramiden.“ Tom erklärt: …

Emil und Anja stellen Vulkane vor.

Emil beginnt: „Vulkane können Tausende von Jahren friedlich sein.“
„Aber sie können auch plötzlich wieder ausbrechen“, erklärt Anja.
Emil sagt: „Glut und Asche werden in den Himmel geschleudert.“
„Glühende Lava fließt den Berg hinunter“, ergänzt Anja.
„Stellt euch vor, wie gefährlich das ist!“, ruft Emil.
„Kann man denn Vulkanausbrüche vorhersagen?“, fragt Paul.

2 Schreibe den Text ab! Markiere die Begleitsätze der wörtlichen Rede.
Was fällt dir bei der Zeichensetzung auf?

★ Setze in den Sätzen die richtigen Satzzeichen wie im Merkkasten!
Gina aus Neapel sagt■ ■Ich lebe in der Nähe eines Vulkans■■
■Es ist der Vesuv■■ erklärt sie.■Könnt ihr euch vorstellen,
dass ich manchmal Angst habe■■■ fragt sie.

Die **wörtliche Rede** steht in **Anführungszeichen**.
Der **Begleitsatz** kann vor oder nach der **wörtlichen Rede** stehen.

Lisa fragt: „Wie war es?“	*„Wie war es?“, fragt Lisa.*
________: „..................?“	„..................?“, ________.
„Es war schön!“, ruft Fritz.	*„Es war schön“, sagt Fritz.*
„..................!“, ________.	„..................“, ________.

Unsere Welt hat viele Sprachen

Auf der Erde werden über 2000 Sprachen gesprochen.
Manche sind miteinander verwandt.

1 In welchen Wörtern der verschiedenen Sprachen entdeckst du Ähnlichkeiten?

Deutsch	**Englisch**	**Spanisch**	**Französisch**	**Russisch**	**(sprich:)**
der Frieden	the peace	la paz	la paix	мир	(mir)
die Sonne	the sun	el sol	le soleil	солнце	(sónze)
der Mond	the moon	la luna	la lune	лунá	(luná)

★ Erforsche, was dein Name bedeutet und woher er stammt!

Luzie kommt aus der lateinischen Sprache und bedeutet „die Leuchtende“. In Frankreich heiße ich Lucie.

Ich habe einen friesischen Namen. Willi ist eine andere Form von Wilhelm. Mein Urgroßvater hieß auch so. In England nennt man mich William oder Bill.

2 Lest und vergleicht die Vornamen in den verschiedenen Sprachen! Welche Gemeinsamkeiten und Unterschiede stellt ihr fest?

England: Alec
Italien: Sandro, Zander
Frankreich: Alexandre
Spanien: Alejandro

England: Anne, Nancy
Niederlande: Antje
Frankreich: Annette, Nanette
Spanien: Anita, Ana

3 Schreibe die beiden Sätze mit der wörtlichen Rede ab! Unterstreiche die Begleitsätze und achte auf die Zeichensetzung!

„In Vietnam nennen wir den Familiennamen zuerst“, erklärt Mai-Ahn, „also Nguyen Mai-Ahn. Nguyen spricht man Nuhjen.“
„Mai bedeutet etwas“, erzählt sie weiter, „nämlich, dass ich im Mai geboren wurde.“

Der **Begleitsatz** kann auch **zwischen** der wörtlichen Rede stehen.
„Mein Name ist schon alt“, erzählt Willi, „es ist ein friesischer Name.“

Wörter mit ck

Blick in den Himmel
Wenn du in einer klaren Nacht zum Himmel blickst,
siehst du Tausende von Sternen.
Manche strahlen hell.
Vielleicht entdeckst du
eine Sternschnuppe.
Dann wünsch dir was:
Was soll dir glücken?

blicken
sich bücken
der Block
entdecken
das Glück
glücklich
hocken
locker
die Lücke
rücken
schlucken
der Schreck
die Strecke
strecken
sich erstrecken
trocken
der Zweck

1 Suche aus dem Text die Verben mit **ck** und trage sie so in eine Tabelle ein:

Grundform	Personalform	3. Person Einzahl Präteritum
blicken	du …	er …

2 Ergänze weitere Verben aus der Wortleiste!

3 Trenne die Verben:
blicken, rücken, strecken, schlucken, hocken.
Schreibe so: bli-cken, er blick-te, …

4 Immer ein Nomen aus der Wortleiste ist das Brückenwort.
Schreibe die zusammengesetzten Nomen auf!

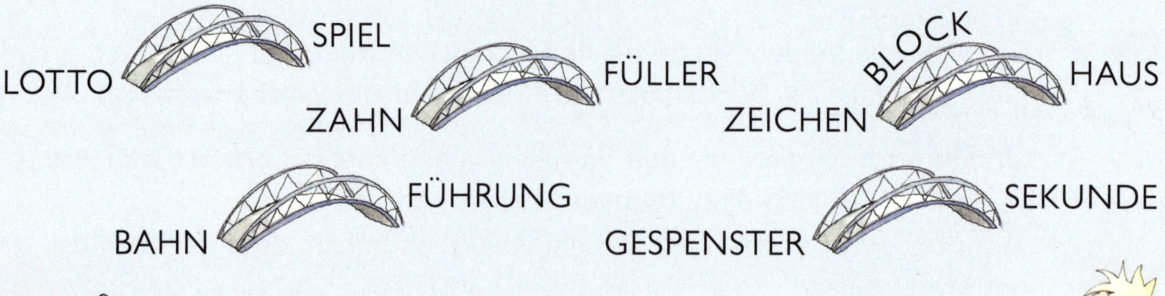

5 Wie heißt das Gegenteil?
nass – tr…, fest – l…, glücklich – un…

★ Schreibe zu den Wörtern aus Aufgabe 5 Wortgruppen oder kleine Reime!

Wörter mit tz und z

Tilo und Irina berichten aus dem Alltag eines Weltraumfahrers.

- sich mit dem Raumanzug vor der Hitze schützen
- sich mit essbarer Zahncreme die Zähne putzen
- mit warmen Stiefeln der Kälte trotzen
- die Freizeit zum Körpertraining nutzen
- Spezialhandschuhe tragen, um sich nicht zu verletzen

1 Schreibe Aussagesätze mit wörtlicher Rede!
Tilo sagt: „Ein Weltraumfahrer schützt sich …"
„Weltraumfahrer putzen sich …", weiß Irina. …

2 Ordne die Wörter nach Wortfamilien!
schützen, er verletzte sich, schutzlos, verletzen, schwitzen, der Trotz, trotzdem, geschützt, trotzig, die Verletzung, verschwitzt, der Schutz, verletzlich, beschützte, trotzen, Schwitzbad, geschwitzt

3 Trenne die Verben aus Aufgabe 2!
Schreibe so: *schüt-zen, ver-letz-te, …*

4 Was kann überraschend passieren?
Schreibe kurze Sätze mit dem Wort **plötzlich**!

5 Schreibe zu den Verben verwandte Nomen auf:
kreuzen, grenzen, stürzen, verarzten, schmerzen.

★ Schreibe passende Sätze mit:
ankreuzen, durchkreuzen, aufkreuzen, vorstürzen, gestürzt, bestürzt.
Denke an die Bedeutung!

der Arzt
ergänzen
die Grenze
heizen
die Hitze
jetzt
der Kranz
das Kreuz
nutzen
nützen
nützlich
der Pelz
plötzlich
schmelzen
der Schmerz
schmerzen
schützen
schwitzen
stolz
stürzen
trotzdem
trotzen
verletzen
die Wurzel

Zum Üben

Mit Glück und Geduld kannst du am Himmel Sternschnuppen entdecken. Sie blitzen plötzlich auf und hinterlassen eine leuchtende Spur. Wer sie erblickt, kann sich einen Wunsch ausdenken.

Schriften der Welt

Die Schrift im alten Ägypten mit ihren Bildzeichen – den Hieroglyphen – war ursprünglich eine Bilderschrift.
In Bilderschriften steht für jedes Wort ein Zeichen.

Seit 6 000 Jahren besteht die chinesische Schrift aus kleinen Bildern, die sich im Laufe der Zeit verändert haben.

früher heute

Mensch 

Wasser 

zusammen 

★ Was fällt dir bei der Entwicklung der Zeichen auf?

★ So schreibt ein chinesisches Kind:

Sonne 太阳 Mond 月球 Erde 地球

Wähle ein Wort und versuche es nachzuschreiben!

Die am häufigsten verwendeten Schriften sind Buchstabenschriften.
Es gibt unterschiedliche Buchstabenschriften.
Hier siehst du einige russische Buchstaben.

А	Б	Щ	Г	Д	И	Й	К	Л	М	
A	B	W	G	D	I	J	K	L	M	
Н	О	П	Р	С	Т	У	Ф	З	СЦЧ	Е
N	O	P	R	S	T	U	F	Z	SCH	E

★ Finde heraus, wie diese Kinder heißen!
Schreibe auch andere Namen mit russischen Buchstaben!

Mit Medien leben

Du mein allerliebster guter
Personal-Computer:
siehst so klug aus, bist so schnell,
und dein Bildschirm leuchtet hell,
summst so friedlich,
druckst so niedlich
mir dein ganzes Wissen aus –
bist der Größte hier im Haus!
Du mein allerliebster guter
Personal-Computer:
bist so freundlich, leicht zu tasten,
hast so furchtbar viel im Kasten.
Immer hast du für mich Zeit,
drum verzeihe meine Ehrlichkeit –
eines macht mir doch Verdruss –
dass ich selber denken muss …

Harald Braem

Medienentwicklung in rasantem Tempo –
was kann ein Computer, was kann er nicht?

Medienvielfalt in unserem Alltag

Medienbeschäftigung in der Freizeit 2009
Medien, die die Kinder täglich oder mehrmals pro Woche nutzen

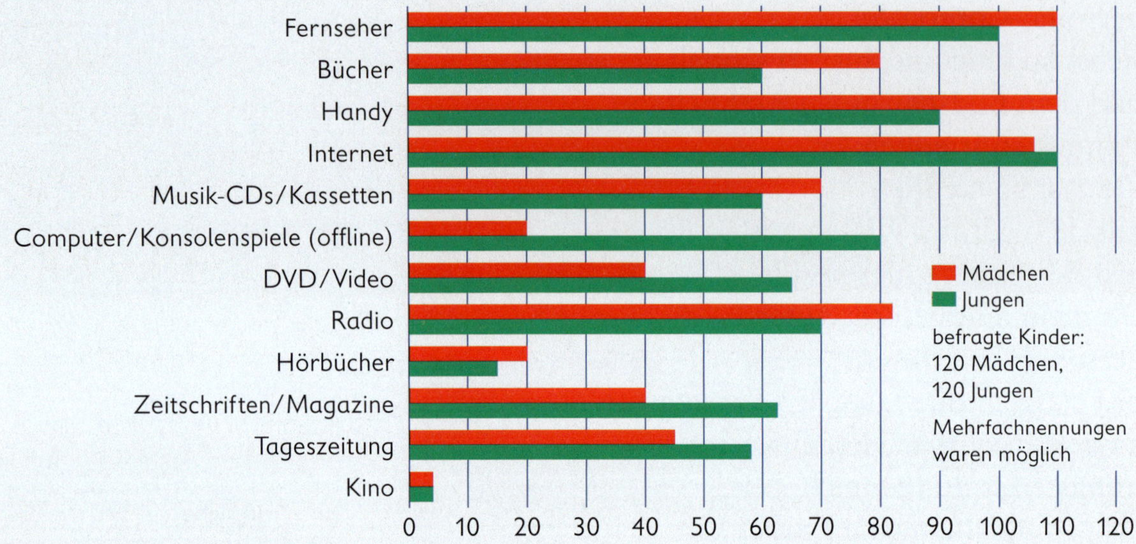

1 Was kannst du alles an diesem Diagramm ablesen?
Die Fragen helfen dir:
Was wurde gefragt? Wie viele Kinder wurden befragt?

2 Sammelt an der Tafel zuerst die Medien, die ihr nutzt!

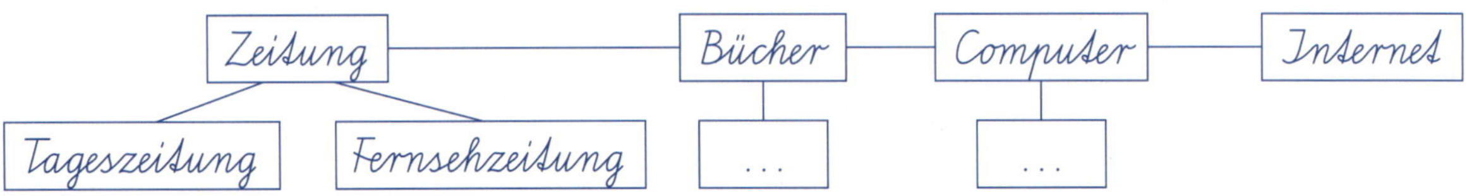

3 Welche Medien nutzt ihr täglich?
Mädchen machen einen roten, Jungen einen grünen Strich.

4 Stellt das Ergebnis unterschiedlich dar!
Es gibt verschiedene Möglichkeiten:
Diagramm, Tabelle, Sachtext, Strichliste …

5 Was könnt ihr aus eurer Übersicht ablesen?

★ Stelle dir eine Welt ohne Fernseher, Telefon, Computer oder Zeitung vor! Was wäre anders?

Informationen aus Diagrammen entnehmen; Informationen bildlich darstellen; Ergebnisse präsentieren

Eine Schülerzeitung entsteht

Anregungen holen

1 Welche Zeitungen und Zeitschriften kennst du? Bringe Beispiele mit!

2 Betrachtet einige Zeitungen und Zeitschriften genauer!
Findet Gemeinsamkeiten und Unterschiede im Aufbau!

3 Erklärt mit folgenden Begriffen, was ihr herausgefunden habt:
Zeitungsname, Schlagzeile, Artikel, Fotos/Bilder, Werbung, Anzeige, …

4 Findet in den Zeitungen möglichst zu jedem Begriff aus Aufgabe 3 ein Beispiel, schneidet es aus und ordnet es zu!

5 Welchen Zweck sollen Schlagzeilen erfüllen?

6 Wählt eine der Schlagzeilen aus und überlegt, welche Meldung dahinterstecken könnte!

7 Stellt aus verschiedenen Schlagzeilen eine lustige, interessante oder verrückte neue Schlagzeile zusammen!

★ Schreibe einen Artikel zu einer Schlagzeile!

Zeitungen und Zeitschriften kennen lernen; Fachbegriffe kennen lernen; Schlagzeilen auswerten; eigene Artikel schreiben

AH S. 56

Schülerzeitung planen

1 Überlegt zuerst, für wen die Zeitung sein soll:
Für die ganze Schule? Nur für eure Klasse?
Denkt bei der Entscheidung auch an die Kosten für die Herstellung!

2 Wie soll eure Zeitung heißen?
Entwickelt in Gruppen Ideen für einen Namen und zur Gestaltung der Titelseite! Stellt eure Vorschläge vor und stimmt darüber ab!

3 Was soll in eurer Zeitung stehen? Schreibt eure Vorschläge auf Kärtchen, heftet sie an die Tafel und sprecht darüber!

- Etwas über das Land von Femi – Reportage
- Bericht über den Vorlesewettbewerb
- Interview mit unserem Hausmeister
- Tauschanzeigen
- Witze und Rätsel
- Tipps für Computerarbeit
- Fotos/Zeichnungen/Bilder

4 Wer macht was bis wann?
Plant die Arbeit an eurer Klassenzeitung!

Was?	Wer?	Wann?
Interview mit dem Hausmeister	Larissa	in den nächsten 2 Wochen
Fußball-AG	Florian	Montag
Tipps für Computerarbeit	Laura	Mittwoch

Ein Bericht für die Schülerzeitung

Die Kinder beraten über alle Beiträge.
Heute geht es um die Berichte aus der Musik-AG und der Fußball-AG.

<u>Auftritt im Seniorenheim –</u>
<u>ein voller Erfolg</u>
Wir, die Kinder der Musik-AG, gaben drei Tage vor Ostern im Seniorenheim „Marienstift" ein Konzert für alle Heimbewohner. Wir sangen Frühlingslieder und führten einen Bändertanz vor. Florian spielte auf dem Akkordeon. Zum Schluss erhielten wir für unser Programm viel Beifall und bunte Schoko-Eier.

Larissa

Im letzten Turnier haben wir die Mannschaft aus Potsdam geschlagen. Ich schoss 2 Tore in der 2. Halbzeit, obwohl die andere Mannschaft mehr Spieler hatte.

Florian

1 Was ist an Larissas Bericht besser als an Florians?
Begründe deine Meinung!

TIPP **Ein Zeitungsbericht informiert die Leser knapp und sachlich über ein zurückliegendes Ereignis. Er antwortet auf die Fragen:**

- Wer war beteiligt?
- Wann geschah es?
- Wie lief es ab?
- Was fand statt?
- Wo fand es statt?

2 Überarbeite Florians Text anhand seiner Stichpunkte unten!
Denke auch an die Überschrift!

Wer?	Mannschaft der Fußball-AG ohne den erkrankten Verteidiger
Was?	Jugendturnier Kreismeisterschaften der Fußballjugend Gegner: SV-Fortuna aus Potsdam
Wann?	am letzten Wochenende vor den Ferien
Wo?	Sportplatz des SV-Fortuna
Wie lief es ab?	1. Halbzeit: Viele Angriffe der gegnerischen Mannschaft Abwehr durch starke Mittelfeldspieler 2. Halbzeit: Abwehrfehler in 75. und 80. Spielminute nutzte ich, traf zweimal von der Mittellinie aus ins Tor

★ Bringe einen Sportartikel aus einer Zeitung mit!
Prüfe anhand des Tipps, ob alle Fragen beantwortet werden!

Ein Interview für die Schülerzeitung

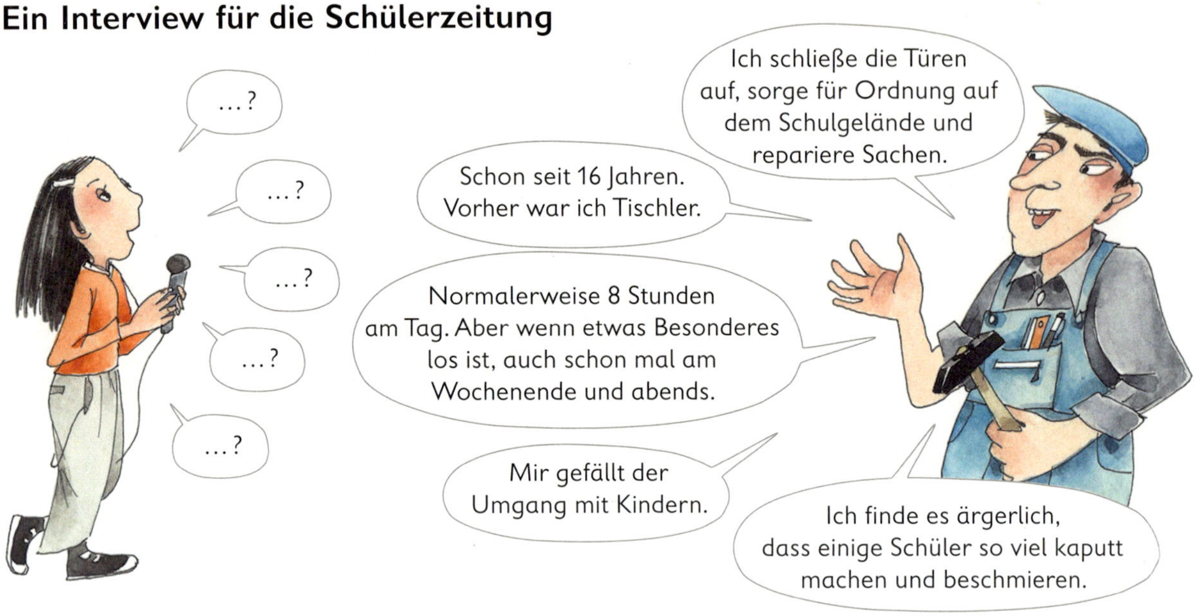

1 Welche Fragen stellt Larissa dem Hausmeister? Schreibe sie auf!

2 Spielt das Interview nach!
Überlegt vorher, was noch zu einem guten Interview gehört!

3 Schreibe einen Artikel über den Hausmeister!
Verwende dabei das Interview! Wähle eine der beiden Formen:

– Welche Aufgaben hat ein Hausmeister?
Ich schließe die Türen auf, sorge für Ordnung auf dem Schulgelände und repariere Sachen.
– Wie lange arbeiten ...

Ein Hausmeister schließt die Türen auf, sorgt für Ordnung auf dem Schulgelände und repariert Sachen. Herr Müller arbeitet schon ...

TIPP

Checkliste für ein Interview:
- Zu welchem Thema möchte ich etwas wissen?
- Wen könnte ich befragen?
- Welche Fragen könnte ich stellen?
- Was muss ich organisieren (Interviewpartner anfragen, Termin und Ort ausmachen, welche Umgangsformen sind zu beachten, wer schreibt mit oder nimmt auf?)

Redaktionskonferenz

1 Entscheidet, welche Artikel, Fotos und Bilder in eurer Zeitung erscheinen sollen!

2 Legt die Reihenfolge fest und notiert die Seitenzahlen!

3 Nehmt ein Blatt der Größe DIN A3 und legt es quer! Schneidet eure Texte und Bilder aus! Schiebt die Bilder und Texte so lange hin und her, bis die Seite gut aussieht!

4 Kopiert eure geklebten Seiten in der benötigten Anzahl! Ordnet und heftet sie!

★ Erstellt ein Werbeplakat für eure Zeitung!

Wörter mit Nachsilben

Ich: Träumer**isch**, träge, schlafmütz**ig**, faul.
Und ich : Ruhelos, neugier…, hellwach, betriebsam.
Und ich: Kleingläub…, feige, zweifler…, hasenherz…
Und ich: Unverblümt, frech, tapfer, gar mut…
Und ich: Mitfühlend, zärt…, hilfsbereit, beschützend.
Und ich : Laun…, gleichgült…, einsilb…, eigenbrötler…
Erst wir alle zusammen sind ich.

Hans Manz

artig
billig
deutlich
ehrlich
eifrig
einig
endlich
häufig
hoffentlich
mutig
neugierig
ordentlich
ruhig
die Sammlung
sechzig
die Spannung
staubig
traurig
wichtig
wirklich

1 Ergänze in dem Gedicht bei den Adjektiven die Nachsilben **-ig**, **-lich**, **-isch**!

2 Mit welchen Wörtern sind die Adjektive aus dem Gedicht verwandt?
Schreibe so: *träumerisch – der Traum, …*

3 Wie ich noch sein kann …
Schreibe abgeleitete Adjektive zu:
der Eifer, der Mut, die Ordnung, die Trauer.
Schreibe so: *der Eifer – eifrig, …*

4 Steigere die Adjektive:
gut, dick, billig, bunt, witzig, interessant, wichtig.
Schreibe so: *gut, besser, am besten, …*

★ Denkt euch Werbesprüche für eure Zeitung aus!
Verwendet dabei Adjektive in den Steigerungsstufen!

5 Was ihr für eure Klassenzeitung alles tun müsst:
sammeln, abstimmen, beschreiben, abbilden, werben, entscheiden, beobachten, binden.
Bilde aus den Verben Nomen mit der Nachsilbe **-ung**:
Schreibe so: *sammeln – die Sammlung, …*

6 Schwarzes Schaf: Welches Wort passt nicht in die Reihe?
Journalist, Reporter, Artikel, Chefredakteur

Lösung bei einer Rechenaufgabe (2. Buchstabe)
Haftanstalt (4. Buchstabe)
Dunkelheit (5. Buchstabe)
Beurteilung am Ende des Schuljahres (7. Buchstabe)
Abenteuer (1. und 3. Buchstabe)

7 Die gesuchten Wörter sind Nomen mit der Nachsilbe **-nis**!
Schreibe die Wörter untereinander!
Unterstreiche die angegebenen Buchstaben!
So erhältst du das Lösungswort.

8 Bilde von den Nomen auf **-nis** den Plural! Was fällt dir auf?

9 Bilde aus den Adjektiven Nomen mit den Nachsilben **-heit** oder **-keit**:
dumm, gesund, eitel, schläfrig, faul, dunkel, vergesslich, verliebt.
Schreibe so: *faul – die Faulheit, …*

10 Schreibe die folgenden Witze ab und ergänze die Satzzeichen!

Sagt ein Fisch zum anderen■ ■Leihst du mir mal deinen Kamm?■ Sagt der andere■ ■Das könnte dir so passen, wo du so viele Schuppen hast.■

Ein Mann mit drei Haaren geht zum Friseur.
■Wie hätten Sie es denn gern?■, fragt der Friseur.
■Ganz einfach■, antwortet der Kunde, ■eins rechts, eins links und den Rest wild durcheinander.■

★ Bilde eine Wörterkette mit verschiedenen Wortarten zum Thema Zeitung! *Leitartikel – lesen – neugierig – …*

Zum Üben

Ein Zeugnis für unsere Lehrerin
Frau Bach ist stets lustig. Sie unterrichtet uns mit Begeisterung und Fröhlichkeit. Unterhaltungen über unsere Geheimnisse verfolgt sie neugierig und mit Spannung. Frau Bach muss noch lernen, an der Tafel deutlicher zu schreiben. Auch die Ordnung auf ihrem Tisch lässt häufig zu wünschen übrig. Trotzdem werden wir sie in guter Erinnerung behalten.

Auf Entdeckungsreise in der Zeitung

Jeder sucht sich einen Zeitungsartikel aus einer aktuellen Zeitung heraus und schwärzt einige Wörter.
Dann werden die Artikel getauscht.
Der neue Vorleser versucht aus dem Sinnzusammenhang die unleserlich gemachten Wörter zu ergänzen.

Kinder-Online-Preis
Gute Internet-Seiten werden ausgezeichnet

LEIPZIG. Kinderseiten gibt es im [redacted] unglaublich viele. Besonders gute werden [redacted]. Der Preis ist mit 2000 [redacted] dotiert, das heißt, so hoch ist das Preisgeld.
Sara Roller animiert auf ihrer [redacted] www.die-gürbels.de mit fantasievollen Geschichten große und [redacted] Internetbesucher zum Vorlesen und [redacted].

Alle Gruppenmitglieder lesen dieselbe Zeitung.
Sie denken sich dabei Lesesuchaufgaben zu den unterschiedlichsten Artikeln aus.
Stellt sie euch gegenseitig vor!
Überlegt, wie ihr euch in der Zeitung orientieren könnt, um die Antworten schnell zu finden!

Jeder durchsucht eine Tageszeitung nach seinem persönlichen Lieblingsfoto, schneidet es aus und begründet seine Entscheidung in der Vorstellungsrunde. Tauscht die Fotos untereinander aus und formuliert treffende Bildunterschriften!

Für Krimiliebhaber und Gruselfans

Über das Heulen von Eulen

Es sitzt die Eule im Turm
Und heult so schaurig wie der Sturm.
Sie jammert laut: Huhuu! Huhuu!
Da hält man sich die Ohren zu
Und schließt geschwinde alle Fenster
Und sieht vor lauter Angst Gespenster.

Hast du noch nie gedacht, mein Kind,
Dass Eulen auch mal hungrig sind?
Die Eule nämlich in dem Turm
Schreit nur nach einem Regenwurm.

Eva Rechlin

Tragt das Gedicht vor und gestaltet es mit Geräuschen!

Emil und die Detektive

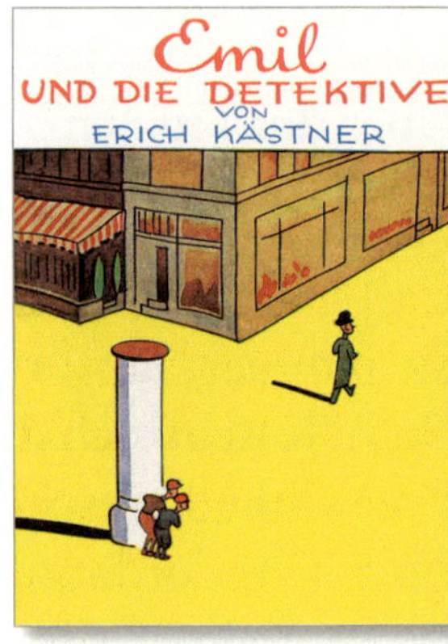

Das bekannte Kinderbuch „Emil und die Detektive" erschien 1928. Der Autor dieser Detektivgeschichte ist Erich Kästner. Der Schüler Emil Tischbein aus Neustadt reist allein nach Berlin. Er soll seiner Großmutter Geld bringen – eine Menge Geld, und seine Mutter musste monatelang hart schuften, um diesen Betrag zu sparen. Emil sitzt mit einem seltsamen Herrn mit steifem Hut im Zugabteil – Herrn Grundeis. Obwohl er doch auf das Geld aufpassen soll, wird Emil vom Schlaf übermannt …

Als er aufwachte, setzte sich die Bahn eben wieder in Bewegung.
Er war, während er schlief, von der Bank gefallen,
lag jetzt am Boden und war sehr erschrocken.
Er wusste nur noch nicht recht, weswegen.
Sein Herz pochte wie ein Dampfhammer.
Da hockte er nun in der Eisenbahn und hatte fast vergessen,
wo er war. Dann fiel es ihm, portionsweise, wieder ein.
Richtig, er fuhr nach Berlin. Und war eingeschlafen.
Genau, wie der Herr mit dem steifen Hut …
Emil setzte sich mit einem Ruck bolzengerade und flüsterte: „Er ist ja fort!"
Die Knie zitterten ihm. Jetzt war die nächste Frage: Ist das Geld noch da?
Und vor dieser Frage hatte er eine unbeschreibliche Angst.
Natürlich konnte alles in Ordnung sein. Denn eigentlich war es albern,
gleich ans Schlimmste zu denken.
Und das Geld war gewiss noch an Ort und Stelle. Erstens steckte es
in der Tasche. Zweitens steckte es im Briefumschlag. Und drittens war es
mit einer Nadel am Futter befestigt. Also, er griff sich langsam in die rechte
innere Tasche. Die Tasche war leer! Das Geld war fort!

1 Lies den Text! Wie fühlt sich Emil nach dem Aufwachen?
Schreibe Textstellen heraus, die das deutlich machen!

2 Schreibe auf, wie Emil sein Geld schützen wollte!
Erzähle nach, was Emil passiert ist!

★ Was würdest du an Emils Stelle tun?

Emil nimmt die Verfolgung auf

Emil ist sich sicher: Der Herr mit dem steifen Hut aus dem Zugabteil muss ihm das Geld gestohlen haben. Am Bahnsteig in Berlin entdeckt Emil ihn und folgt ihm. Er beobachtet den Dieb, der inzwischen in einem Café sitzt. Emil ist ratlos. Da wird er von einem Jungen mit einer Hupe in der Hand angesprochen. Emil erzählt ihm die Geschichte von dem Diebstahl …

Der Junge mit der Hupe dachte ein Weilchen nach.
Dann sagte er: „Also, ich finde die Sache mit dem Dieb knorke. Ganz große Klasse, Ehrenwort! Und, Mensch, wenn du nischt dagegen hast, helfe ich dir."
„Da wär ich dir kolossal dankbar!"
„Quatsch nicht, Krause! Das ist doch klar, dass ich hier mitmache. Ich heiße Gustav." „Und ich Emil."
Sie gaben sich die Hand und gefielen einander ausgezeichnet.

1 Kinder in Berlin um das Jahr 1930 sprachen wie Gustav. Was fällt dir an Gustavs Redeweise auf?

2 Schreibe das Gespräch zwischen Gustav und Emil so auf, wie sie heute sprechen würden! Denke an die Zeichensetzung bei der wörtlichen Rede!

4 Die Kinderbande um Gustav organisiert die Verfolgung. Ordne die Textstellen diesen Oberbegriffen zu: *Telefonzentrale, Bereitschaftsdienst, Verbindungsmann.*

Wer bei der Jagd nicht unbedingt gebraucht wird, bleibt hier am Nikolsburger Platz. Ihr geht abwechselnd nach Hause und erzählt dort, ihr würdet heute vielleicht sehr spät heimkommen. Ein paar können ja auch sagen, sie blieben zur Nacht bei einem Freund. Damit wir Ersatzleute haben und Verstärkung, falls die Jagd bis morgen dauert.

„Wer hat Telefon?" Zwölf Jungen meldeten sich. „Und wer von euch hat die vernünftigsten Eltern?" „Vermutlich ich!", rief der kleine Dienstag.

Traugott geht mit zu Dienstags und rennt zum Nikolsburger Platz, wenn wir wen brauchen.

Die Verfolgungsjagd geht zu Ende

Tatsächlich schaffen es Emil und die Detektive, den Dieb Grundeis im Auge zu behalten. Aber erst am nächsten Tag findet die Jagd ein Ende. Als Herr Grundeis in einer Bank die gestohlenen Geldscheine wechseln will, greifen die Detektive ein …

Durch die Tür kamen zehn Jungen gerannt, Emil allen voran, und umringten den Mann mit dem steifen Hut.
„Was zum Donnerkeil ist denn mit den Bengels los?“, schrie der Vorsteher.
„Die Lausejungen behaupten, ich hätte einem von ihnen das Geld gestohlen, das ich eben ihrem Kassierer zum Wechseln einzahlte“, erzählte Herr Grundeis und zitterte vor Ärger.
„So ist es auch!“, rief Emil und sprang an den Schalter.
„Ja kannst du das denn auch beweisen?“, fragte der Kassierer streng.

1 Wie könnte Emil wohl beweisen, dass die Geldscheine ihm gehören? Der Text auf Seite 108 gibt dir einen Hinweis!

Wenn ihr wissen wollt, wie es genau weitergeht, müsst ihr das Buch lesen oder den Film anschauen.

2 Setze eines der Beispiele unten fort!

Ein Journalist interviewt Emil:

Reporter: Wie heißt du?
Emil: Mein Name ist Emil Tischbein.
Reporter: Wie bist du dem Dieb eigentlich begegnet?
Emil: Also, ich sollte …

Emil schreibt in sein Tagebuch:

Liebes Tagebuch,
was in den letzten Tagen passiert ist, ist einfach toll:
Ich habe einen Dieb überführt.
Das kam so: …

Ein Journalist schreibt einen Zeitungsbericht:

Schüler jagen Verbrecher
BERLIN: Einer Gruppe Jugendlicher ist es zu verdanken, dass ein lang gesuchter Dieb gefasst werden konnte. Emil T. aus Neustadt …

★ Finde heraus, welche Kinderbücher Erich Kästner noch geschrieben hat!

Gruselige Gespenstergeschichte

Wolli, das Gespenst

Als Gespenst hat man es nicht immer leicht. Vor allem, wenn man das jüngste Kind einer altehrwürdigen Spukgeistfamilie ist, einen untypischen Gespensternamen hat und keiner sich vor einem gruselt. Genau solch ein Gespenst war Wolli. Wolli konnte spuken, so viel er wollte – keinem Menschen standen deswegen die Haare zu Berge, keiner bekam eine Gänsehaut. Es hatte einfach niemand Angst vor Wolli. Langsam wurde es auch seinem Vater, dem Poltergeist, zu viel: „Wolli, wenn du bei den großen Menschen keinen Gespenstererfolg hast, probiere es bei den kleinen!“ Voller Sorge trottete Wolli davon. Zum Glück war die ganze Burg voller Kinder …

1 Schreibe zu dem Bild eine Gespenstergeschichte!
Eine Wörtersammlung oder eine Gedankensammlung helfen dir!
Verwende auch die wörtliche Rede!

<u>Personen:</u>
Wolli, die ängstliche Mia, der …
<u>Orte:</u>
Schlafsaal in Burg, …
<u>Ereignisse:</u>
Geräusch, hatte Angst, …

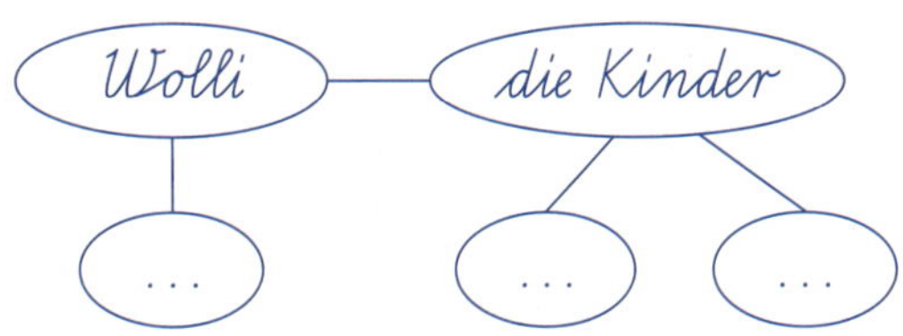

★ Stelle deinen Mitschülern unheimliche Gespenstergeräusche vor!

Sprachspiele für Spürnasen

1 Was bedeuten die Redewendungen in den Bildern wirklich?

2 Erklärt die folgenden Redewendungen!
Ich könnte aus der Haut fahren. *Rutsch mir den Buckel hinunter!*
Willst du mir einen Bären aufbinden? *Eine Hand wäscht die andere.*

3 Findet zu den Redewendungen aus Aufgabe 2 lustige Antworten!
Ihr könnt sie auch spielen.

★ Hier sind ein paar Sprichwörter durcheinandergeraten. Ordne sie!

Steter Tropfen	gedeihet nicht.
Frisch gewagt	ist nicht aufgehoben.
Aufgeschoben	höhlt den Stein.
Unrecht Gut	muss fröhlich sein.
Wer schaffen will,	ist halb gewonnen.
Wie gewonnen,	beißen nicht.
Hunde, die bellen,	so zerronnen.

4 Welche Begriffe werden hier im Bild dargestellt?

5 Wähle einen Begriff aus und male ihn! Lass ihn erraten!
Unglücksrabe, Bücherwurm, Langfinger, Aufschneider, Schlangenmensch
Du kannst dir auch eigene Begriffe ausdenken und malen!

Eine außergewöhnliche Geschichte

Münchens mehrfache Meisterköchin Maria Mistelbacher
mästete mutige Malereistudenten märchenhaft mit Masthuhn,
magenstärkender Marksuppe, mustergültiger Mehlspeise,
machte mandelgespickte Makronen mit mehreren Mirabellen.

6 Was ist an dieser Geschichte außergewöhnlich?

7 Wähle einen Anfang aus und schreibe eine eigene Geschichte!

Elf **e**chte **E**delelefanten … **A**m **a**chten **A**ugust **a**bends …
Die **d**icke **D**ackeldame … **S**ieben **s**iebzigjährige **S**änger …

8 Schreibe auf, welche Tiere und Früchte sich in den Wörtern versteckt haben!
Kamelefanten, Affente, Dinosterhasen, Krokodigel fressen am liebsten Bananas und Apfeldsalat

9 Was fällt dir an den Wörtern auf?
Otto rar Anna Hannah
Kennst du noch andere Beispiele?

10 Immer zwei Wörter kannst du von vorn und von hinten lesen!

die Eis trug alle ein Beil Lager Tor Gras
nie Ella Sarg lieb sie rot Regal Gurt Eid

Schreibe so: *die – Eid, …*

11 In jeder Reihe ist ein schwarzes Schaf versteckt.
Finde es heraus und nenne ein anderes Wort, das in die Reihe passt!
Kuh, Ochse, Hahn, Drahtesel, Ziege, Schaf
Walnuss, Haselnuss, Kopfnuss, Pekannuss
Erdbeeren, Blaubeeren, Himbeeren, Braunbären

12 Wählt einen Oberbegriff aus und schreibt passende Wörter dazu auf:
Kleidung, Möbel, Spielwaren, Hobbys, Lebensmittel.
Wem fallen in fünf Minuten die meisten Wörter zu einem Oberbegriff ein?
Kleidung: Hose, Jacke, …

★ Welche Sprachspiele kennst du? Stelle sie deinen Mitschülern vor!

Wörter mit chs, cks, ks, x

Wer andern eine Grube gräbt – ein Waldkrimi

Eines Abends, kurz nach … Uhr, schlich sich der Wilddieb in den Wald. Er wollte schauen, ob sich in seiner Falle ein Tier, vielleicht ein … oder ein … verfangen hatte. Weil er noch nichts gegessen hatte, nahm er eine … voller … mit. Mit der … schlug er sich den Weg durch das Gestrüpp.
Sollte er nach … oder nach rechts gehen?
Kurze Zeit später hörte man einen lauten Schrei.
Was war passiert? Der Wilddieb hatte den Weg … und war in seine eigene Falle geraten.
Er schrie wie am Spieß, denn er hatte sich den Fuß … .

die Achse
die Axt
der Boxer
die Büchse
der Dachs
extra
fix
der Fuchs
die Hexe
der Keks
links
der Luchs
sechs
der Text
verknacksen
verwechseln
wachsen

1 Ergänze den Text mit passenden Wörtern aus der Wortleiste!

2 Lies das Gedicht und lerne es auswendig!

Manche Sachen,
da kann man nichts machen,
schreibt man mit x:
Hexen gibt's im Märchenwald,
mit Extra-Eis wird's richtig kalt,
Texte steh'n in Büchern drin,
Boxer schlägt es manchmal hin.
Bei fix steht's am Ende,
bei Axt in der Mitte,
na bitte!

3 Ordne die Wörter mit **x** und **chs** aus der Wortleiste!
x: … chs: …

4 Ordne die folgenden Wörter in zwei Wortfamilien!
Achte dabei auf die Bedeutungen von **wachsen**:
der Wuchs, das Bienenwachs, das Gewächs, das Wachstum, er wachst, er wächst, die Wachskerze, er ist gewachsen, ich habe gewachst.

Wörter mit Qu/qu

1 Finde die Lösungswörter!
Verwende dabei die Wortleiste!
- ein Milchprodukt
- entsteht bei einem Brand
- ein spezielles Viereck
- Ort, an dem ein Fluss entspringt
- kreuz und …
- Frösche …
- Schweine …

bequem
das Quadrat
quaken
der Qualm
der Quark
die Quelle
quer
quieken

2 Lies die Zungenquirler und ordne die Wörter nach dem Alphabet!

Quatschen quirlige Quasselstrippen
quengelig oder quietschvergnügt?

Quietschende Quirle quälen
qualvoll den quirlenden Quarkesser.

3 Wähle dir aus der Wortleiste 5 Wörter mit **Qu/qu**!
Schreibe eine kleine Geschichte, in der sie alle vorkommen!

★ Versuche die Geheimbotschaft der Hexen zu entschlüsseln:
Edi Nhexe ntreffe hsic mu ssech Ruh
ma Ufuchsba mzu Bkeksbackwettbewer.
Uz ngewinne tgib se nde ngoldene Lquir
„Xextrafi". Rde Ttreffpunk nkan mbeque
tmi mde Nbese terreich nwerde.
Nfliege Esi rque hdurc nde Dwal dun
ndan rimme hnac slink.

Zum Üben

- ⚀ bequem im Bett liegen,
- ⚁ Kekse mit Quark essen,
- ⚂ ein Quadrat zeichnen,
- ⚃ eine extra große Axt benötigen,
- ⚄ quakende Frösche in quiekende Schweine verhexen,
- ⚅ die Quelle des Flusses suchen.

Unverwechselbar

Der Fingerabdruck eines jeden Menschen ist unverwechselbar – und er verändert sich im Laufe eines Lebens nicht. Selbst eineiige Zwillinge haben unterschiedliche Fingerabdrücke.

So könnt ihr eure Fingerabdrücke sichtbar machen:

- mit dem Mittelfinger einer Hand über die Stirn fahren und Fingerkuppe anschließend auf ein Glas drücken
- Glas vorsichtig mit dem Fingerabdruck nach oben auf ein Stück Papier legen

- Fingerabdruck mit Mehl durch ein feines Küchensieb bestäuben
- Mehl kräftig abpusten, bis bei dem Rest Mehlstaub der Fingerabdruck zum Vorschein kommt

- einen ca. 8–10 cm langen Streifen durchsichtiges Klebeband abreißen
- mit der Klebeseite behutsam und gleichmäßig auf den bestäubten Fingerabdruck drücken
- Streifen wieder vorsichtig abziehen

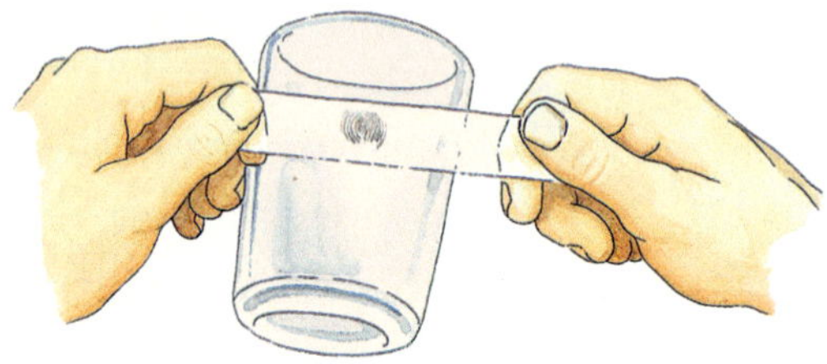

- Klebeband auf schwarzen Fotokarton kleben
- die weißen Linien werden jetzt deutlich sichtbar

Im Sommer

Ich sitze mit nackten Beinen
in einer Wiese.
Ein leichter Wind
streichelt die Gräser,
die Gräser streicheln mich.
Alles ist still.
Auf der Wiese ist niemand,
nur ich.
Nur ich und das Gras und der Wind.

Georg Bydlinski

Schließe die Augen und
lasse dir das Gedicht vorlesen!
Wie wirkt es auf dich?

Nachtwanderung

Im Sommerlager unternehmen die Kinder mit ihrer Lehrerin und dem Revierförster eine Nachtwanderung.

1 Löse das Rätsel, dann erfährst du den Treffpunkt!
- Schreibe zuerst die Namen für die Bilder auf!
- Streiche die genannten Buchstaben weg oder ersetze sie durch die angegebenen!

1 4  1=d 4   1=S n  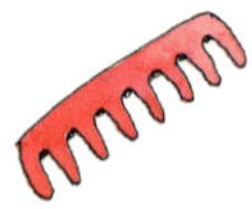 1 4  3=t  1=h

2 Was brauchen die Kinder unbedingt auf ihrer Wanderung? Zähle die Gegenstände in einem langen Satz auf! Beachte die Kommaregel!

3 Das muss man bei einer Nachtwanderung beachten:
- auf den Wegen bleiben,
- keine Äste und Zweige abbrechen,
- nur zu zweit gehen.

Schreibe die Regeln als Aufforderung: *Bleibt auf den …*

4 Findet noch weitere Regeln und schreibt sie auf!

★ Bilde aus den Buchstaben des Wortes NACHTWANDERUNG viele neue Wörter! Wer findet die meisten?

5 Was kannst du fühlen, riechen, sehen und hören?
die Rinde – die Bäume, die Oberfläche – das Moos, der Duft – die Pilze, die Form – die Blätter, das Plätschern – der Bach, die Laute – die Tiere
Schreibe es auf und unterstreiche die Nomen im 2. Fall (Genitiv):
Ich fühle die Rinde der Bäume. Ich fühle …

 Bilderrätsel lösen; Kommas in Aufzählung setzen; Aufforderungssätze bilden; Wiederholung: Nomen im Genitiv

Die Kinder haben den Wald erreicht. Es ist schon sehr dunkel, fast kann man nichts mehr sehen. Damit sie sich nicht verlieren, halten sie sich an den Händen …

6 In der Dunkelheit sind die Sinne ganz besonders angespannt.
Ordne die Wörter und Wortgruppen passend zu:
horchen, spüren, lauschen, schnuppern, Ohren spitzen, wittern, die Luft einziehen, vernehmen, aufschnappen, tasten.
riechen: schnuppern, …   hören: …   fühlen: …

7 Unheimliche Geräusche sind zu hören:
rascheln, schreien, knacken, rauschen, rascheln, murmeln, heulen, wispern.
Ordne die Verben passend zu!
die Bäume rauschten, die Zweige …, ein Käuzchen …, die Blätter …, der Bach …

Als wir bei unserer Nachtwanderung den Wald erreichten, war es schon stockfinster. Nur das Mondlicht half uns, den Weg einzuhalten. Da, auf einmal passierte es: …

8 Wie könnte die Geschichte weitergehen? Setze sie fort!

TIPP **So gelingen spannende Geschichten:**
- Wie war mir und anderen zu Mute?
- Was dachten, fühlten und sagten die anderen Personen?
- Was war besonders aufregend?
- Wie endete das Erlebnis?
- Denke an eine Überschrift!

TIPP **So liest man Geschichten vor:**
- Unterstreicht Wörter, die ihr besonders betonen wollt!
- Lest mit kleinen Pausen vor!
- Ändert die Lautstärke!
- Lest mal schneller, mal langsamer!

Sommersonnenwende

Mittsommer

Der 21. Juni ist der längste Tag des Jahres, denn die Sonne hat ihren höchsten Stand erreicht. Schon seit jeher wird dieses Ereignis gefeiert und um dieses Datum herum werden nachts vielerorts Sonnwendfeuer entzündet. Nach altem Brauch springen die jungen Leute paarweise über die Glut, damit sich ihre Wünsche erfüllen. In Schweden wird dieser Mittsommertag immer an dem Samstag zwischen dem 20. und 26. Juni gefeiert, der dem längsten Tag des Jahres am nächsten ist. Das Fest ist dort nach Weihnachten das zweitgrößte Fest des Jahres.

1 Lies den Text und beantworte die Fragen:
- Wie heißen die Feuer zur Sonnenwende?
- Welcher alte Brauch wird noch heute gepflegt?
- Was ist das zweitgrößte Fest in Schweden?

2 Wie wird in deiner Gegend die Sonnenwende gefeiert?

★ Kannst du dir den Begriff Wintersonnenwende erklären? Stelle Vermutungen an und informiere dich darüber!

3 Verbinde die gegenüberliegenden Sätze mit **weil**, **denn** oder **damit**!
Schreibe so: *Schon unsere Vorfahren feierten die Sonnenwende, weil sie sich auf den …*

Schon unsere Vorfahren feierten die Sonnenwende.	Sie freuten sich auf den warmen Sommer.
Die Mädchen sammelten neunerlei Blumen und Kräuter.	Sie wollten daraus Kränze flechten.
Die Kränze wurden über die Türen und ans Fenster gehängt.	Sie sollten das Haus schützen.
Die Buben sammelten vormittags Geld für die Musiker.	Sie sollten am Abend zum Tanze aufspielen.

 Informationen aus Sachtext entnehmen;
Sätze mit Konjunktionen weil, denn, damit verbinden

AH S. 67

Früher konnten sich die Menschen viele Naturereignisse wie Donner, Tag und Nacht und vieles mehr nicht erklären. Deshalb glaubten sie an Götter.

1 Setze das Wort **Götter** mit dem Artikel (Begleiter) im richtigen Fall ein!

Die Menschen glaubten an die Macht … ….	Wessen?
Sie opferten … … Tiere und Feldfrüchte.	Wem?
… … sollten die Menschen vor Unheil beschützen.	Wer?
Die Menschen verehrten … … ….	Wen?

2 Lies die Wetterregeln! Was ist damit gemeint?

Im Juni viel Regen und Donner
bringt fruchtbaren Sommer.

Ist der Mai kühl und nass, füllt's
dem Bauern Scheun' und Fass.

Soll Feld und Garten
gut gedeihn,
braucht's im Juni
Sonnenschein.

3 Schreibe die Wörter mit doppeltem Mitlaut aus den Wetterregeln heraus!

★ Erkundige dich nach weiteren Wetterregeln oder Bauernregeln!

4 Schreibe den Text ab und setze die Zeichen der wörtlichen Rede!

Emma und Paul sitzen in einer warmen Sommernacht im Garten. Plötzlich ruft Paul■ ■Sieh nur, eine Sternschnuppe■■ ■Ich habe sie auch gesehen■■ sagt Emma. ■Wer eine Sternschnuppe sieht■■ erklärt Paul■■darf sich etwas wünschen■■ Emma sagt■ ■Ich weiß schon, was ich mir wünsche■■ ■Du darfst es aber niemanden sagen■■ mahnt Paul. ■Ich weiß, sonst geht der Wunsch nicht in Erfüllung■■ erwidert Emma.

★ Was ist eine Sternschnuppe? Informiere dich und erkläre es!

Doppelte Mitlaute (Konsonanten)

1 Bilde zusammengesetzte Nomen mit **Wetter** und **Sonne**!
Frosch, Station, Strahl, Licht, Tag, Häuschen, Karte, Schirm
der Wetterfrosch, die …

2 Bilde die Zeitformen Präteritum und Perfekt von:
hoffen, sammeln, retten, trennen, füllen, spannen, stimmen.
Schreibe so: *hoffen, er hoffte, er hat gehofft, sammeln, sie …*

3 Bilde mit der Nachsilbe **-ung** aus den Verben aus Aufgabe 2 Nomen!

das Blatt
der Donnerstag
füllen
hoffen
retten
sammeln
der Schatten
der Schwamm
die Sonne
stellen
die Stimme
das Wetter

4 Welche Wörter kannst du mit den Wörterbällen bilden?

★ Löst die Rätsel!

Welcher Brand entsteht ohne Feuer?

Wer wird nie von der Sonne beschienen?

Welche Tiere haben sich in Klammeraffe versteckt?

Welcher Tag ist der längste der Woche?

Was lässt sich nicht mit Worten ausdrücken?

5 Leite von diesen Verben Berufsbezeichnungen ab:
backen, tanzen, tauchen, kochen, malen, singen.
Schreibe so: *der Bäcker, die Bäckerin, die Bäckerinnen, …*

Wörter mit doppeltem Konsonanten; zusammengesetzte Nomen bilden; Nomen mit -ung ableiten; Wortbildung; Verben ins Präteritum und Perfekt setzen; Rätsel

AH S. 69

6 Bilde die Zeitformen Präteritum und Perfekt von:
leiden, pfeifen, reiten, streiten, greifen, schreiten.
Schreibe so: *leiden, er litt, er hat gelitten,*
pfeifen, sie …, …

7 Setze passende Verben aus der Wortleiste im Präteritum ein!
Er litt große Schmerzen.
Sie … eine kleine Melodie.
Auf ihrem Pferd … sie allen davon.
Er … sich viel mit seinem kleinen Bruder.
Er … fest zu.
An der Spitze des Festzuges … der Fahnenträger.

8 Wie heißt das Gegenteil?

klug – dumm	teuer – b…	gerade – kr…
leer – v…	glänzend – m…	rau – gl…

9 Ergänze passende Adjektive aus Aufgabe 8!
ein … Streich, ein … Glas, ein … Kleid,
eine … Straße, ein … Rücken, ein … Glanz

dumm
glatt
greifen
er griff
krumm
leiden
er litt
pfeifen
er pfiff
reiten
er ritt
schreiten
er schritt
streiten
er stritt
voll

Wettergeschichte

Ein Regenschirm, ein Sonnenschirm,
die im gleichen Ständer standen,
waren ineinander verliebt.
Sie seufzten jeden Morgen:
„Lasst uns hoffen, dass es
trocknes, kühles Wetter gibt.“ Hans Manz

★ Schreibe eine Wettergeschichte, in der möglichst viele Wörter mit doppeltem Mitlaut vorkommen!
Wetter, nass, hoffen, Sonne, schwimmen, …

Zum Üben

Ein Sommertag
Die Sonne brennt heiß vom Himmel. Ich treffe mich heute mit meiner Freundin im Schwimmbad. Das Wasser ist schon schön warm. Wir schwimmen um die Wette.

starke Verben ins Präteritum und Perfekt setzen; passende Adjektive finden; Geschichte schreiben; Fragediktat

Sonnenschein

★ Bastele dir eine Sonnenuhr! Gehe dafür Schritt für Schritt vor!

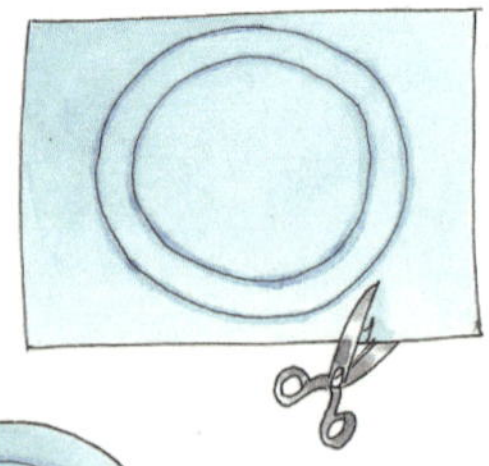

1. Zeichne zwei große Kreise auf ein Stück Tonpappe und schneide den äußeren aus.

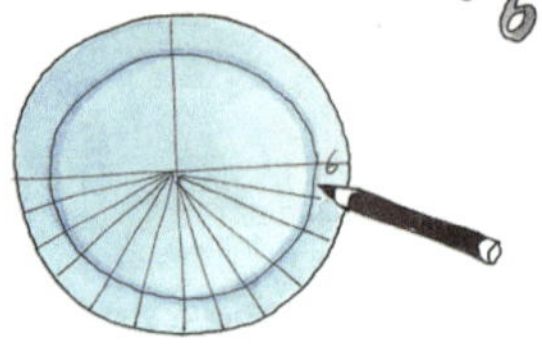

2. Unterteile den inneren Kreis in vier gleich große Teile. Die untere Hälfte teilst du noch einmal in zwölf gleich große Teile.
3. Schreibe dann die Uhrzeiten, wie auf dem Bild zu sehen, an die 13 Striche.

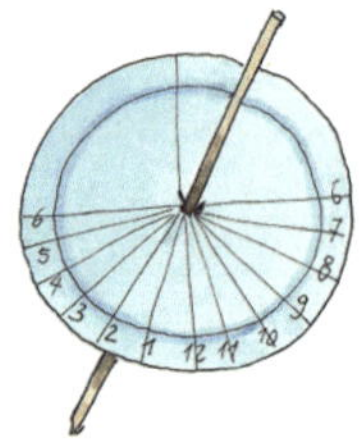

4. Bohre in den Mittelpunkt des Kreises ein kleines Loch und stich einen Stift hindurch.

5. Stecke den Stift in einen Topf mit Sand und stelle diesen in die Sonne. Überprüfe, wie viel Uhr es im Moment ist. Drehe deine Sonnenuhr so lange, bis der Schatten des Stifts auf diese Uhrzeit fällt.

Die Klasse 4 a erinnert sich an das vergangene Schuljahr. Die Schülerinnen und Schüler schreiben ihre Erinnerungen in ein Sonnenplakat.

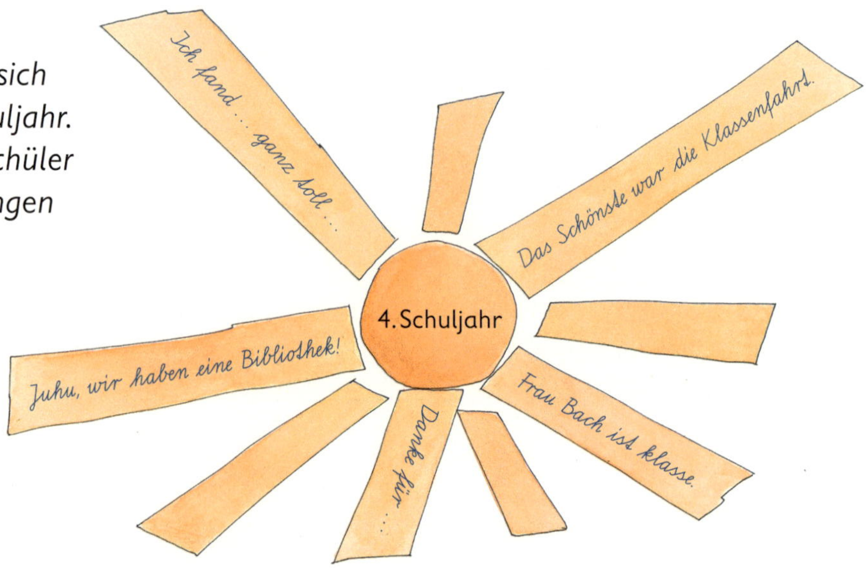

★ Erstellt auch solch ein Plakat!

Bist du fit?

Schreibe ein Akrostichon!

S F
O E
M R
M I
E E
R N

Am Ende der gemeinsamen ersten Schuljahre erinnern sich die Kinder an ihre Erlebnisse und daran, was sie alles gelernt haben.
Sie arbeiten dazu an acht Stationen.

1. Station: Nomen

die Schule – das Buch
das Schulbuch

2. Station: Adjektive

3. Station: Verben

gehen

ich gehe wir …
du gehst ihr …
er, sie, es … sie …

4. Station: Zeitformen der Verben

ich schreibe

ich werde schreiben

ich habe geschrieben

ich schrieb

5. Station: Satz

. Aussage

! Aufforderung

? Frage

! Ausruf

6. Station: Satzglieder

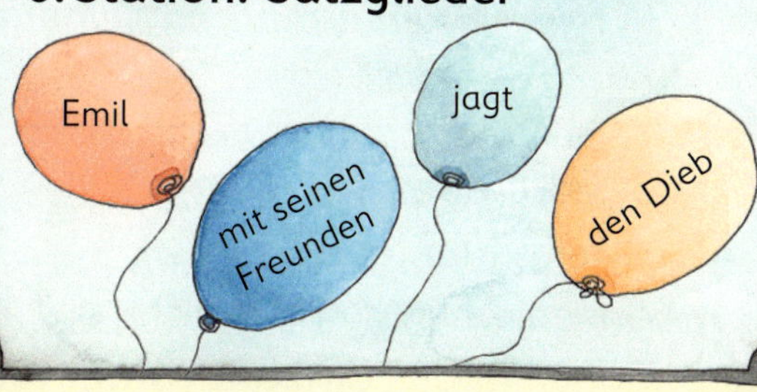

7. Station: Tipps und Tricks

8. Station: Geschichten

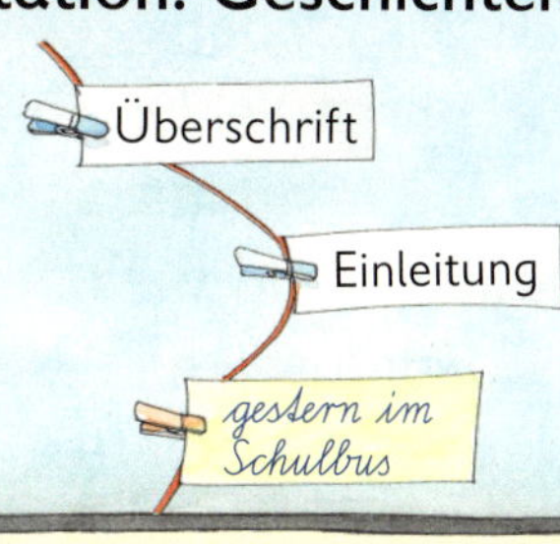

1. Station: Nomen

1 Welche Feste habt ihr gemeinsam gefeiert?
Bilde zusammengesetzte Nomen!
Markiere immer
das Bestimmungswort!
das Weihnachtsfest, …

2 Bilde Nomen mit **-ung**, **-heit**, **-keit** oder **-nis**:
geheim, überraschen, dunkel, erleben, vorbereiten, fröhlich.
Schreibe so: *geheim – das Geheimnis, …*

3 Die Klasse 4 a hat bei einer Wanderung mit dem Förster viel gelernt.
Beantwortet die Fragen und bestimmt die Fälle!

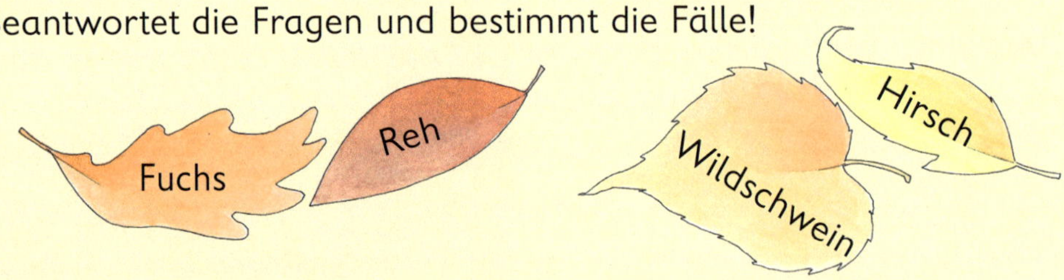

Wer trägt ein Geweih? … … (… Fall)
Wessen Jungtier heißt Kitz? … … (… Fall)
Wem ist der Jäger auf der Spur? … … (… Fall)
Wen erkennt man an seinem rotbraunen Fell? … … (… Fall)

Nomen

- schreibt man **groß**
- können einen **Artikel** haben: *der, die, das, ein, eine, ein*
- können in der **Einzahl (Singular)** und in der **Mehrzahl (Plural)** stehen: *der Berg – die Berge*
- kann man zusammensetzen: *der Hund; das Buch* → *das Hundebuch*
- kann man durch Personalpronomen ersetzen: *die Mutter – sie*
- kann man an den Nachsilben **-ung**, **-nis**, **-heit**, **-keit** erkennen
- kommen im Satz in **verschiedenen Fällen** vor:
  1. Fall (Nominativ) → „**Wer?**" oder „**Was?**" **2. Fall** (Genitiv) → „**Wessen?**"
  3. Fall (Dativ) → „**Wem?**" **4. Fall** (Akkusativ) → „**Wen?**" oder „**Was?**"

2. Station: Adjektive

1 Lege dir eine Tabelle mit 3 Spalten und 5 Zeilen an!
Trage die Adjektive in die richtige Spalte ein
und ergänze immer die fehlenden Formen:
schön, länger, groß, am klügsten, fleißiger.

Grundstufe	Mehrstufe	Meiststufe

2 Märchen-Experten gesucht!
Setze die richtigen Adjektive aus der Tabelle zum Vergleichen ein!

Goldmarie ist … als Pechmarie.
Rapunzels Zopf ist so … wie eine Strickleiter.
Das tapfere Schneiderlein ist … als die Riesen.
Schneewittchen ist … als die Königin.
Dein Teller ist … als die Teller der Zwerge.

3 Bilde aus den Nomen Adjektive mit **-ig**, **-lich**, **-isch**:
der Herbst, der Frost, der Sturm, der Dienst, der Staub,
das Gespenst, das Quadrat, die List, das Glück, der Schmerz.
Schreibe so: *der Herbst – herbstlich, …*

-ig -lich -isch

Adjektive

- sagen, wie etwas ist: *der **große** Koffer, der Koffer ist **groß**.*
- kann man steigern:

Grundstufe	Mehrstufe	Meiststufe
klein	*klein*er	*am klein*sten

- helfen, etwas zu vergleichen: *so groß wie – größer als*
- kann man von manchen Wörtern mit den Nachsilben **-ig**, **-lich**, **-isch** bilden: *die Freude – freudig, froh – fröhlich, die Laune – launisch*

3. Station: Verben

1 Bilde aus den Wortbausteinen und dem Verb **fahren** neue Verben!

2 Setze passende Verben aus Aufgabe 1 in die Lücken ein!
Schreibe die vollständigen Sätze auf!
Unser Zug *fährt* um 9.00 Uhr *ab*.

Wir … alle … .
Der Schnellzug kann sich nicht … .
Pünktlich um 11.00 Uhr … wir im Zielbahnhof … .

Die Klassenfahrt

Im Juli fährt unsere Klasse ins Schullandheim. Dort erkundet der Förster mit uns den Wald. Wir beraten, was wir alles brauchen. Simon packt schon sein Fernglas ein. Julia nimmt ihre Sonnenbrille mit. Ob Frau Bach mit uns eine Nachtwanderung macht?

3 Schreibe alle Verbformen aus dem Text auf! Bilde auch die Grundform!
Schreibe so: *sie fährt – fahren*

Verben
- sagen, was jemand **tut** oder was **geschieht**: *ich lese, es regnet*
- verändern sich im Satz:
  Grundform: rennen
  Personalform (gebeugte Form): *ich* renn**e**
  Wortstamm: renn – Endung: e
- **verändern** ihre **Bedeutung** durch Wortbausteine:
  *pflanzen – **ein**pflanzen, stecken – **ver**stecken*

Zusammengesetzte Verben werden in Sätzen oft **getrennt geschrieben:**
einkaufen – er kauft ein.

4. Station: Zeitformen der Verben

Was haben wir gelernt?
Frau Bach sagt: „Wir haben viel über das Leben in früherer Zeit gelernt. Im Museum habt ihr über die alten Schulbänke gestaunt. Paul hat für uns einen Kurzvortrag zum Thema Wohnen früher und heute vorbereitet. Ich habe dafür zehn Minuten eingeplant."

1 Schreibe alle Verbformen im Perfekt aus dem Text auf!
Wir haben gelernt, ...

2 Bilde aus Pauls Stichpunkten Sätze! Ergänze dazu folgende Verben in der richtigen Zeitform: **leben, heizen, baden.**
Schreibe so: *Wohnen früher: Viele Menschen wohnten ... ...*

Wohnen früher
- viele Menschen ... in einem Raum
- sie ... mit Kohlen und Holz
- sie ... in einer Zinkbadewanne in der Küche

Wohnen heute
- Menschen ... in einer Wohnung oder in einem Haus
- sie ... mit Gas oder Öl
- sie ... in einem Badezimmer

3 Welche Erwartungen hast du an deine neue Schule in der 5. Klasse? Benutze die Zeitform Futur!
Schreibe so: *Ich werde neue Fächer kennen lernen. ...*

Verben können in verschiedenen **Zeitformen** stehen.
Präsens: *Das Schuljahr* ***beginnt.*** jetzt
Präteritum: *Das Schuljahr* ***begann.*** früher
Der **Wortstamm verändert sich** manchmal im Präteritum.
Wenn wir über etwas **Vergangenes mündlich** erzählen oder berichten, verwenden wir oft das **Perfekt**: *Er* ***hat*** *gelernt. Er* ***ist*** *gegangen.*
Wenn wir über etwas **Zukünftiges** sprechen oder schreiben, verwenden wir häufig das **Futur**: *Ich* ***werde*** *schreiben. Wir* ***werden*** *schreiben.*

5. Station: Satzarten und wörtliche Rede

Maria schreibt einen Aufruf an alle Klassen. Sie hat die Satzschlusszeichen vergessen.

1 Schreibe den Aufruf mit Satzschlusszeichen in dein Heft!

2 Schreibe den Text ab! Setze für die ■ die richtigen Satzzeichen der wörtlichen Rede ein! Markiere den Begleitsatz farbig!

Nach dem Sportfest treffen sich die Kinder der Klasse 4 wieder.
Leon ruft■ ■Ich bin bestimmt Sieger■■
■Ich glaube, Tom ist weiter gesprungen■■ meint Sarah.
Frau Bach sagt■ ■Beide haben tolle Weiten geschafft■■
■Bestimmt wird unsere Klasse am besten abschneiden■■ vermutet Lea.
■Am wichtigsten ist■■ bemerkt Mai■ ■dass wir alle mitgemacht haben■■

Es gibt verschiedene **Satzarten:** . ? !
Aussagesatz: Die Vorstellung beginnt um acht Uhr.
Fragesatz: Wann beginnt die Vorstellung?
Aufforderungssatz/Ausruf: Kommt unbedingt pünktlich! Achtung!

Die **wörtliche Rede** steht in **Anführungszeichen** oben und unten: „.............“
Der Begleitsatz kann vor, zwischen oder nach der wörtlichen Rede stehen.

Lisa fragt: „Wie war es?“	________: „.............?“
„Wie war es?“, fragt Lisa.	„.............?“, ________.
„Es war schön“, antwortet Fritz.	„.............“, ________.
„Pia hat gesungen“, erzählt Fritz,	„.............“, ________,
„und Tim hat Flöte gespielt.“	„..............“

6. Station: Satzglieder

Lisa schreibt einen Bericht für die Schulchronik.

Unser Schulfest – ein voller Erfolg!
Viele Eltern besuchten am letzten Samstag unser Schulfest. Die Kinder des Chores sangen auf einer Bühne neue und bekannte Lieder. Unsere Fußballer forderten um 15.00 Uhr auf dem Sportplatz eine Elternmannschaft zum Spiel heraus. Am Glücksrad konnte man tolle Preise gewinnen. Lisa und Lukas halfen auf dem Schulhof einem lustigen Clown. Er formte aus Luftballons seltsame Tiere. Bis 18.00 Uhr feierten alle ausgelassen.

1 Schreibe die Sätze ab!
Markiere die Subjekte und umkreise die Prädikate!

2 Frage nach den im Text unterstrichenen Wortgruppen!
Schreibe deine Fragen auf!
Bestimme dann den Fall dieser Objekte!
Schreibe so: *Wen oder was besuchten viele Eltern? – unser Schulfest – 4. Fall (Akkusativobjekt)*

3 Suche im Text nach Angaben zu Ort und Zeit!
Schreibe so: *Ortsangaben: …*
Zeitangaben: …

4 Stelle den ersten Satz so oft um, wie du kannst!
Markiere die verschiedenen Satzglieder in jedem Satz jeweils in derselben Farbe!

Ein Satz besteht aus mehreren **Satzgliedern**.
Nach **Satzgliedern** kann man fragen:
Subjekt: *Wer?* oder *Was?* (**1. Fall**/Nominativ)
Prädikat: *Was tut …?* oder *Was geschieht …?*
Objekt *Wem?* (**3. Fall**/Dativobjekt)
(Ergänzung): *Wen?* oder *Was?* (**4. Fall**/Akkusativobjekt)
Ortsangaben: *Wo? Woher? Wohin?*
Zeitangaben: *Wann? Seit wann? Wie lange? Wie oft? Bis wann?*

7. Station: Tipps und Tricks

1 Stolperwörter markieren

2 lesen und deutlich mitsprechen

3 silbenweise sprechen

4 überlegen: groß oder klein?

5 überlegen: Was hilft noch?

1 Schreibt die folgenden Sätze richtig auf!
Besprich mit deinem Partner, welche Regeln oder Tipps und Tricks ihr anwenden könnt!
Beachte auch die richtige Groß- und Kleinschreibung!

DAS KLA■■ENZIMMER SO■■ VOR DEN FERIEN AUFGER■■MT WERDEN.

JEDER NI■■T SEINE BÜ■■ER MIT. PAUL G■BT DEN BLUMEN WA■■ER.

ALLE SCHÜLER PA■■EN EIFRI■ MIT AN. ■RDNUNG MU■■ SEIN!

2 Lass dir von einem Partner einen der beiden Briefe diktieren!
Finde deine Stolperstellen! Wende dazu die 5 Schritte von Seite 20 an!

Liebe Frau Bach,

jetzt ist das Schuljahr schon wieder zu Ende. Wir haben viel Spaß gehabt und spannende Projekte durchgeführt. Am besten haben uns die vielen Feste gefallen, die Sie mit uns gefeiert haben. Besonders toll fanden wir die gruselige Nachtwanderung mit Ihnen.
Manchmal haben wir aber auch Quatsch gemacht. Dann mussten Sie ganz schön streng mit uns sein.
Ihre Klasse 4a

Liebe Klasse 4a,

ich kenne euch jetzt schon eine lange Zeit. Ihr habt in den vergangenen Jahren sehr viel gelernt. Besonders toll fand ich, dass ihr euch immer geholfen habt. Auch nach einem Streit konntet ihr euch schnell wieder vertragen. Wir haben oft Spaß miteinander gehabt und schöne Feste gefeiert.
Ich wünsche euch in der fünften Klasse nette Lehrer und viel Spaß!
Eure Frau Bach

8. Station: Geschichten schreiben

1 Lies den roten Faden der folgenden Schulhofgeschichte!
Denke dir einen Schluss und eine Überschrift aus!
Schreibe mit Hilfe der Stichpunkte die Geschichte auf!
Denke an die richtige Zeitform!
Wähle abwechslungsreiche Satzanfänge!

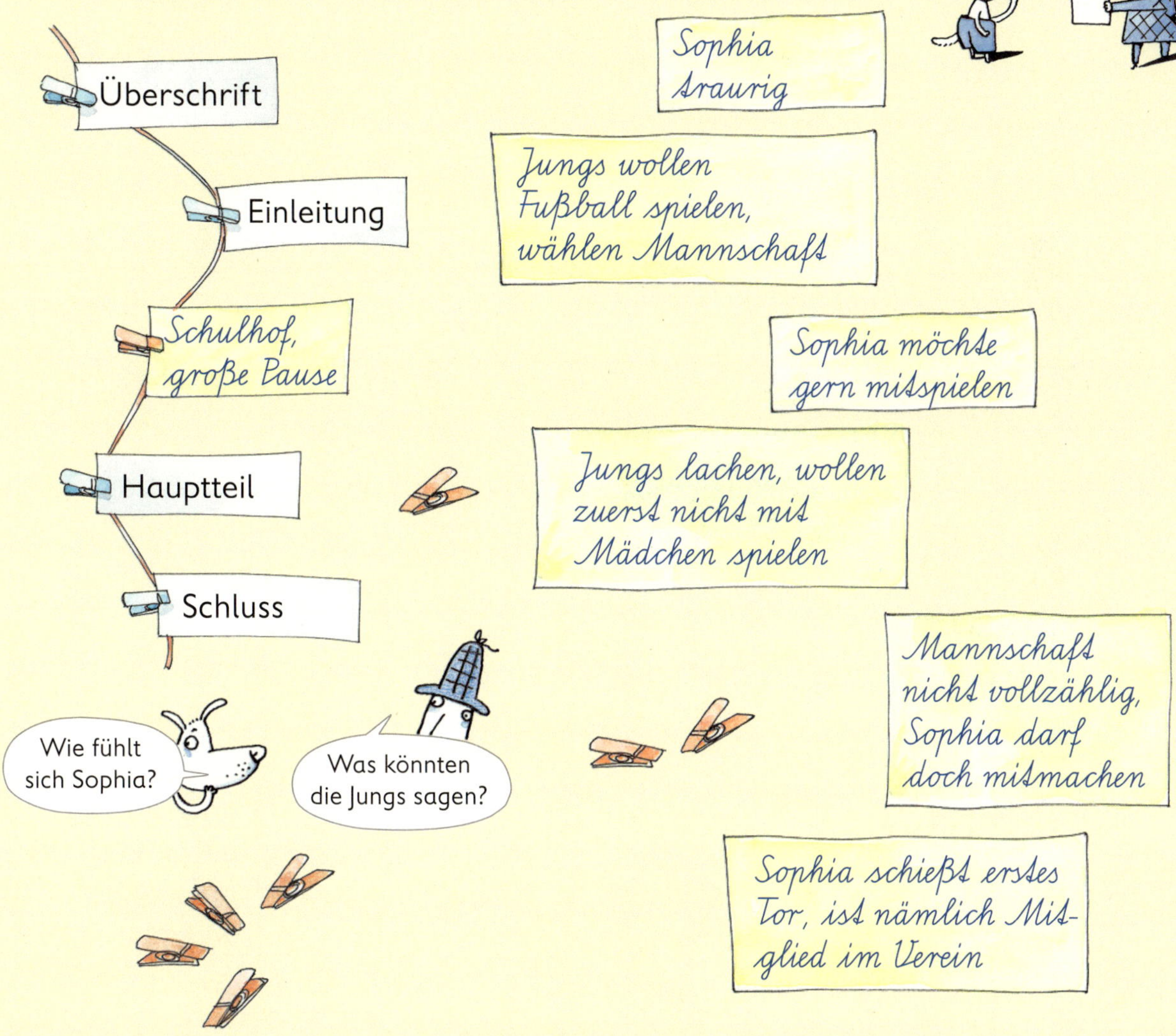

2 Denke dir eine eigene Schulhofgeschichte aus!
Gestalte auch dazu einen roten Faden und schreibe deine Geschichte!

3 Überarbeite deine Geschichte mit Hilfe der Checkliste auf Seite 39!

Die Formen der Nomen

Einzahl (Singular)	**männlich**	**weiblich**	**sächlich**
1. Fall/Nominativ *Wer? oder Was?*	der junge Mann ein junger Mann	die kluge Frau eine kluge Frau	das kleine Kind ein kleines Kind
2. Fall/Genitiv *Wessen?*	des jungen Mannes eines jungen Mannes	der klugen Frau einer klugen Frau	des kleinen Kindes eines kleinen Kindes
3. Fall/Dativ *Wem?*	dem jungen Mann einem jungen Mann	der klugen Frau einer klugen Frau	dem kleinen Kind einem kleinen Kind
4. Fall/Akkusativ *Wen? oder Was?*	den jungen Mann einen jungen Mann	die kluge Frau eine kluge Frau	das kleine Kind ein kleines Kind
Mehrzahl (Plural)			
1. Fall/Nominativ *Wer? oder Was?*	die jungen Männer	die klugen Frauen	die kleinen Kinder
2. Fall/Genitiv *Wessen?*	der jungen Männer	der klugen Frauen	der kleinen Kinder
3. Fall/Dativ *Wem?*	den jungen Männern	den klugen Frauen	den kleinen Kindern
4. Fall/Akkusativ *Wen? oder Was?*	die jungen Männer	die klugen Frauen	die kleinen Kinder

Wortfeld zum Verb sagen

antworten
einwenden
entgegnen
widersprechen

sprechen
berichten
fragen
meinen
reden
rufen

brüllen
kreischen
schreien
schimpfen
zischen
quasseln

flüstern
hauchen
tuscheln
wispern
murmeln

betteln
bitten
jammern
schluchzen

Die Formen der Verben

Grundform (Nennform) **sagen/gehen**				
Person	**Präsens**	**Präteritum**	**Perfekt**	**Futur**
Einzahl (Singular)				
1. Person: ich	ich sage ich gehe	ich sagte ich ging	ich habe gesagt ich bin gegangen	ich werde sagen ich werde gehen
2. Person: du	du sagst du gehst	du sagtest du gingst	du hast gesagt du bist gegangen	du wirst sagen du wirst gehen
3. Person: er, sie, es	er, sie, es sagt er, sie, es geht	er, sie, es sagte er, sie, es ging	er, sie, es hat gesagt er, sie, es ist gegangen	er, sie, es wird sagen er, sie, es wird gehen
Mehrzahl (Plural)				
1. Person: wir	wir sagen wir gehen	wir sagten wir gingen	wir haben gesagt wir sind gegangen	wir werden sagen wir werden gehen
2. Person: ihr	ihr sagt ihr geht	ihr sagtet ihr gingt	ihr habt gesagt ihr seid gegangen	ihr werdet sagen ihr werdet gehen
3. Person: sie	sie sagen sie gehen	sie sagten sie gingen	sie haben gesagt sie sind gegangen	sie werden sagen sie werden gehen

Wortfeld zum Verb sehen

anblicken
angucken
anschauen
betrachten
beobachten

gucken
schauen
spähen
beäugen

mustern
anhimmeln
glotzen
gaffen
anstarren

schielen
blinzeln
zwinkern

Wörterverzeichnis

A a

der **Aal**, die Aa|le

ab|bei|ßen, du beißt ab, er biss ab, ab|ge|bis|sen, der Biss

ab|bil|den, die Ab|bil|dung

der **Abend**, die Aben|de, abend|lich, abends

aber

ab|schlie|ßen, du schließt ab, er schloss ab, ab|ge|schlos|sen, der Ab|schluss

die **Ab|sicht**, ab|sicht|lich

ab|wärts, ab|wärts ge|hen

das **Ab|zei|chen**, die Ab|zei|chen

die **Ach|se**, die Ach|sen

acht, acht|zehn, acht|zig

ach|ten, du ach|test, er ach|te|te, die Ach|tung

der **Acker**, die Äcker

das **Ad|jek|tiv**, die Ad|jek|ti|ve

die **Ad|res|se**, die Ad|res|sen, das Ad|ress|buch

der **Ad|vent**, der Ad|vents|kranz

ah|nen, du ahnst, er ahn|te, die Ah|nung

ähn|lich, die Ähn|lich|keit

die **Äh|re**, die Äh|ren

ak|tiv, ak|ti|ve Men|schen

al|le

die **Al|lee**, die Al|leen

al|lein, al|lein sein

all|mäh|lich

als

am

an

an|ein|an|der, an|ein|an|der den|ken

die **An|gel**, die An|geln

an|geln, du an|gelst, er an|gel|te, der Ang|ler

die **Angst**, ängst|lich

der **An|ker**, die An|ker

sich **an|leh|nen**, du lehnst dich an, er lehn|te sich an

sich **an|stren|gen**, ich stren|ge mich an, er streng|te sich an, die An|stren|gung

ant|wor|ten, du ant|wor|test, er ant|wor|te|te, die Ant|wort

der **Ap|pe|tit**, ap|pe|tit|lich

das **Aqua|ri|um**, die Aqua|ri|en

sich **är|gern**, du är|gerst dich, er är|ger|te sich, der Är|ger, är|ger|lich, arg

die **Art**, die Ar|ten

ar|tig, ein ar|ti|ges Kind

auch

auf

die **Auf|ga|be**, die Auf|ga|ben

auf|ge|ben, du gibst auf, er gab auf, auf|ge|ge|ben

auf|klä|ren, du klärst auf, er klär|te auf, die Auf|klä|rung

auf|pas|sen, du (er) passt auf; Pass auf! Passt auf!

aus

aus|ei|nan|der, aus|ei|nan|der|ge|hen

die **Aus|kunft**, die Aus|künf|te

au|ßen, au|ßer|halb au|ßer, au|ßer|dem

die **Aus|sicht**, die Aus|sich|ten

aus|stel|len, du stellst aus, er stell|te aus, die Aus|stel|lung

der **Aus|weis**, die Aus|wei|se

die **Axt**, die Äx|te

B b

ba|cken, du backst, er back|te, auch: er buk

der **Bag|ger**, die Bag|ger

der **Bal|ken**, die Bal|ken

das **Band**, die Bän|der

die **Bank**, die Bän|ke (Sitzgelegenheit) oder: die Ban|ken (Geldinstitute)

bar|fuß, bar|fü|ßig

das **Be|cken**, die Be|cken

be|deu|ten, es be|deu|tet, die Be|deu|tung

be|dro|hen, du be|drohst, er be|droh|te, die Be|dro|hung, be|droh|lich

das **Beet**, die Bee|te

der **Be|fehl**, die Be|feh|le,

be|feh|len, du be|fiehlst, er be|fahl, be|foh|len

sich **be|geg|nen**, du be|geg|nest mir, er be|geg|ne|te mir, die Be|geg|nung

be|gin|nen, du be|ginnst, er be|ginnt, es be|gann, be|gon|nen, der Be|ginn

bei

bei|na|he

das **Bei|spiel**, die Bei|spie|le

be|lei|di|gen, du be|lei|digst, er be|lei|dig|te, die Be|lei|di|gung

be|loh|nen, du be|lohnst, die Be|loh|nung

be|ob|ach|ten, du be|ob|ach|test, er be|ob|ach|te|te, die Be|ob|ach|tung

be|quem, ein be|que|mer Schuh

der **Be|ruf**, die Be|ru|fe, be|ruf|lich

be|rühmt, die Be|rühmt|heit

sich **be|schäf|ti|gen**, du be|schäf|tigst dich, er be|schäf|tig|te sich, die Be|schäf|ti|gung

be|schrei|ben, du be|schreibst, er be|schrieb, die Be|schrei|bung

be|sich|ti|gen, du be|sich|tigst, er be|sich|tig|te, die Be|sich|ti|gung

be|son|ders

bes|ser, am bes|ten, das Bes|te, die Bes|se|rung

be|stäu|ben, sie be|stäubt, die Be|stäu|bung, der Blü|ten|staub
be|stim|men, du be|stimmst, er be|stimm|te, die Be|stim|mung
be|trach|ten, du be|trach|test, er be|trach|te|te, die Be|trach|tung
bet|teln, du bet|telst, er bet|tel|te, der Bett|ler
beu|gen, du beugst, er beug|te, die Beu|gung
be|vor, be|vor|ste|hen
be|wei|sen, du be|weist, er be|wies, der Be|weis
der **Be|woh|ner**, be|wohn|bar
be|zeich|nen, du be|zeich|nest, er be|zeich|ne|te, die Be|zeich|nung
die **Bi|blio|thek**, die Bi|blio|the|ken, die Bi|blio|the|ka|rin
bie|gen, du biegst, er bog, ver|bie|gen, die Bie|gung, der Bo|gen, bieg|sam
die **Bie|ne**, die Bie|nen
bil|lig, ein bil|li|ges Kleid
ich **bin** (Grund|form: sein)
bis, bis mor|gen
biss|chen, ein biss|chen
bit|ter, bit|ter|lich
sich **bla|mie|ren**, du bla|mierst dich, er bla|mier|te sich, die Bla|ma|ge
bla|sen, du bläst, er blies, ge|bla|sen, die Bla|se, das Ge|blä|se
das **Blatt**, die Blät|ter
bli|cken, du blickst, er blick|te, der Blick
blit|zen, es blitzt, es blitz|te, der Blitz
der **Block**, die Blö|cke
bloß, bloß ein Weil|chen
blü|hen, es blüht, es blüh|te, die Blü|te
die **Boh|ne**, die Boh|nen
boh|ren, du bohrst, er bohr|te, die Boh|rung
das **Boot**, die Boo|te
bor|gen, du borgst, er borg|te
bö|se, bos|haft
bo|xen, du boxt, er box|te, der Bo|xer
braun, bräun|lich
brav, ein bra|ves Kind
das **Brett**, die Bret|ter
der **Brief**, die Brie|fe, brief|lich
brü|hen, du brühst, er brüh|te, die Brü|he, sich ver|brü|hen
die **Brust**, die Brüs|te
die **Büch|se**, die Büch|sen
sich **bü|cken**, du bückst dich, er bück|te sich, der Bück|ling
die **Büh|ne**, die Büh|nen
bum|meln, du bum|melst, er bum|mel|te, die Bumm|ler, die Bum|me|lei
die **Burg**, die Bur|gen
der **Bür|ger**, die Bür|ger, der Bür|ger|meis|ter
die **Bürs|te**, die Bürs|ten
bürs|ten, du bürs|test, er bürs|te|te, ab|bürs|ten

C c

Cel|si|us, 1 Grad Cel|si|us (1 °C)
die **Chan|ce**, die Chan|cen
der **Cha|rak|ter**, cha|rak|ter|lich
der **Chor**, die Chö|re
die **Ci|ty** (Stadtzentrum)
der **Club**, die Clubs
der **Co|mic**, die Co|mics
die **Com|pact Disc** (CD)
der **Com|pu|ter**, die Com|pu|ter
der **Con|tai|ner**
cool, coo|les Aus|se|hen
die **Corn|flakes**
die **Creme**, die Cremes
Cur|ry, die Cur|ry|wurst

D d

da, da|hin, da|vor
der **Dachs**, die Dach|se
da|mals
der **Damm**, die Däm|me
die **Däm|me|rung**, däm|mern
der **Dampf**, die Dämp|fe
dampf|fen, es dampft
dann
da|ran, da|rauf, da|rin
das, das Buch
dass; ich glau|be, dass ...
das|sel|be
sich **deh|nen**, du dehnst dich, er dehn|te sich, die Deh|nung, dehn|bar
der **Del|fin**, die Del|fi|ne
de|nen
den|ken, du denkst, er dach|te, ge|dacht, der Ge|dan|ke
denn
der, des, dem, den
des|sen
der **De|tek|tiv**, die De|tek|ti|ve
deut|lich, ei|ne deut|li|che Aus|spra|che
dicht, ein dich|ter Wald
das **Di|ckicht**
die
der **Dieb**, die Die|be, die|bisch
die|nen, du dienst, er **dien|te**, der Dienst
dies, die|se, die|ser, die|ses
der **Di|no|sau|ri|er**, die Di|no|sau|ri|er
der **Di|rek|tor**, die Di|rek|to|ren, die Di|rek|to|rin
dis|ku|tie|ren, du dis|ku|tierst, er dis|ku|tier|te, die Dis|kus|sion
doch
dop|pelt, ver|dop|peln
drän|geln, du drän|gelst, er drän|gel|te, die Drän|ge|lei
drän|gen, du drängst, er dräng|te, der Drang
drau|ßen
der **Dreck**, dre|ckig
dre|hen, du drehst, er dreh|te, die Dre|hung, dreh|bar
drei|ßig, ein|und|drei|ßig

dro|hen, du drohst, er droh|te, die Dro|hung
drü|cken, du drückst, er drück|te, der Druck
du
dumm, ein dum|mer Streich, die Dumm|heit
dun|kel, eine dunk|le Nacht, die Dun|kel|heit
durch, durch|ei|nan|der
der **Durst**, durs|tig

E e

das **Echo**, die Echos
ehe, ehe|mals
die **Eh|re**, die Ehr|lich|keit, die Eh|rung, ehr|lich, je|man|den eh|ren
die **Ei|dech|se**, die Ei|dech|sen
eif|rig, der Ei|fer
ei|gent|lich
ein, ei|ner, ei|ne, ei|nes, ei|nem, ei|nen
ei|nan|der, ei|nan|der hel|fen
ein|fach
ei|nig, sich ei|nig sein, die Ei|nig|keit
ei|ni|ger|ma|ßen, es ei|ni|ger|ma|ßen kön|nen
ein|pa|cken, du packst ein
der **Ein|tritt**, ein|tre|ten
ein|zeln, ein ein|zel|ner Schuh, die Ein|zel|heit
die **Elek|tri|zi|tät**, elek|trisch
die **Elek|tro|nik**, elek|tro|nisch
die **El|tern**, die Groß|el|tern
emp|fan|gen, du emp|fängst, er emp|fing, der Emp|fang
emp|fin|den, du emp|fin|dest, er emp|fand, emp|fun|den, die Emp|fin|dung, emp|find|lich
end|gül|tig, die end|gül|ti|ge Ent|schei|dung
end|lich, end|los
ent|füh|ren, du ent|führst, er ent|führ|te, die Ent|füh|rung
ent|lang, ent|lang|ge|hen
ent|schei|den, du ent|schei|dest, er ent|schied, die Ent|schei|dung
sich **ent|schlie|ßen**, du ent|schließt dich, er ent|schloss sich, er hat sich ent|schlos|sen
der **Ent|schluss**, die Ent|schlüs|se
ent|wi|ckeln, die Ent|wick|lung
ent|zwei, ent|zwei|bre|chen
er
er|fah|ren, du er|fährst, er er|fährt, er er|fuhr, die Er|fah|rung
er|fül|len, du er|füllst, er er|füll|te, die Er|fül|lung
er|gän|zen, du er|gänzt, er er|gänz|te, die Er|gän|zung
das **Er|geb|nis**, die Er|geb|nis|se, er|geb|nis|los
sich **er|ho|len**, du er|holst dich, er er|hol|te sich, die Er|ho|lung
sich **er|in|nern**, du er|in|nerst dich, er er|in|ner|te sich, die Er|in|ne|rung
er|klä|ren, du er|klärst, er er|klär|te, die Er|klä|rung
er|mah|nen, du er|mahnst, er er|mahn|te, die Er|mah|nung
er|mä|ßigt, er|mä|ßig|te Prei|se, die Er|mä|ßi|gung
sich **er|näh|ren**, du er|nährst dich, er er|nähr|te sich, die Er|näh|rung
ernst, das erns|te Ge|sicht
er|schre|cken, du er|schrickst, er er|schrak, er|schro|cken; Er|schrick nicht!, sich er|schre|cken
er|wach|sen sein, du bist er|wach|sen, die Er|wach|se|nen
er|zie|hen, du er|ziehst, er er|zog, die Er|zie|hung
es
es|sen, du isst, er isst, er aß, ge|ges|sen; Iss! Esst! das Es|sen, der Ess|löf|fel
das **Etui**, die Etuis, das Schreib|etui
et|wa, et|wa ei|ne Mi|nu|te
et|was, et|was ho|len
ex|pe|ri|men|tie|ren, du ex|pe|ri|men|tierst, er ex|pe|ri|men|tier|te, das Ex|pe|ri|ment
ex|tra

F f

das **Fach**, die Fä|cher
die **Fähr|te**, die Fähr|ten
fal|len, du fällst, er fiel, ge|fal|len, der Fall
die **Fa|mi|lie**, die Fa|mi|li|en
der **Fan**, die Fans, Fan|post
die **Fan|ta|sie**, fan|tas|tisch
die **Far|be**, die Far|ben, fär|ben, du färbst, er färb|te, far|big
das **Fass**, die Fäs|ser
das **Fax**, die Fa|xe, fa|xen
die **Fa|xen**, der Fa|xen|ma|cher
der **Fe|bru|ar**
die **Fee**, die Feen, feen|haft
fei|ge, der Feig|ling
der **Feind**, die Fein|de, die Feind|schaft, feind|lich
das **Fest**, die Fes|te, fest|lich
fett, fet|ti|ges Fleisch, das Fett, ein|fet|ten
feucht, der feuch|te Kel|ler, die Feuch|tig|keit
der **Fin|ger**, die Fin|ger
fins|ter, eine fins|te|re Nacht, die Fins|ter|nis
fix, fix und fer|tig
die **Flä|che**, die Flä|chen
die **Flam|me**, die Flam|men
flat|tern, sie flat|tert
der **Fleck**, die Fle|cke, fle|ckig

der **Fleiß**, flei|ßig
flie|gen, du fliegst, er flog, ge|flo|gen, der Flie|ger, der Flug
flie|hen, du fliehst, er floh, ge|flo|hen, die Flucht
flie|ßen, der Fluss
flit|zen, du flitzt, er flitz|te
flüch|tig, er flüch|te|te, der Flücht|ling, die Flüch|tig|keits|feh|ler
der **Flur**, die Flu|re
flüs|tern, du flüs|terst, er flüs|ter|te
die **Fo|lie**, die Fo|li|en
fo|to|gra|fie|ren, du fo|to|gra|fierst, er fo|to|gra|fier|te, das Fo|to
fremd, ein frem|des Land, der Frem|de
fres|sen, du frisst, er fraß, ge|fres|sen
die **Freu|de**, sich freu|en
der **Frie|den**, fried|lich
frisch, fri|sches Obst
frös|teln, du frös|telst, er frös|tel|te, der Frost, ein fros|ti|ger Mor|gen
früh, mor|gen früh
frü|her
früh|stü|cken, du früh|stückst, er früh|stück|te, das Früh|stück
der **Fuchs**, die Füch|se
füh|len, du fühlst, er fühl|te, das Ge|fühl
füh|ren, du führst, er führ|te, die Füh|rung
fül|len, du füllst, er füll|te, die Fül|lung, der Fül|ler
für
sich **fürch|ten**, du fürch|test dich, er fürch|te|te sich, die Furcht, furcht|sam
der **Fuß**, die Fü|ße, das Füß|chen

G g

der **Game|boy**, die Game|boys
ganz
gar nicht(s), gar kein
die **Ga|ra|ge**, die Ga|ra|gen
die **Gar|di|ne**, die Gar|di|nen
die **Gas|se**, die Gas|sen, das Gäss|chen
der **Gast**, die Gäs|te, die Gast|stät|te, gast|lich
das **Ge|bäck**, der Bä|cker
das **Ge|bäu|de**, die Ge|bäu|de
das **Ge|bir|ge**, ge|bir|gig
das **Ge|biss**, die Ge|bis|se
ge|bo|ren sein, du bist ge|bo|ren, er ist ge|bo|ren, die Ge|burt, der Ge|burts|tag
die **Ge|bor|gen|heit**, ge|bor|gen sein
die **Ge|fahr**, die Ge|fah|ren, ge|fähr|lich
ge|frä|ßig, ein ge|frä|ßi|ges Tier
ge|gen
das **Ge|heim|nis**, die Ge|heim|nis|se
gei|zig, ein gei|zi|ger Mensch, der Geiz
das **Geld**, die Gel|der
ge|lin|gen, es ge|lingt, es ge|lang, ge|lun|gen
ge|mein|sam, ein ge|mein|sa|mer Freund, die Ge|mein|sam|keit
die **Ge|mein|schaft**, ge|mein|schaft|lich
ge|nie|ßen, du ge|nießt, er ge|noss, der Ge|nie|ßer, der Ge|nuss
ge|nug, ge|nü|gend
das **Ge|rät**, die Ge|rä|te
das **Ge|schäft**, die Ge|schäf|te, ge|schäft|lich
ge|sche|hen, es ge|schieht, es ge|schah
das **Ge|schenk**, die Ge|schen|ke
ge|schickt (sein), die Ge|schick|lich|keit
das **Ge|schirr**
die **Ge|schwis|ter**, die Schwes|ter
das **Ge|setz**, die Ge|set|ze, ge|setz|lich
das **Ge|sicht**, die Ge|sich|ter
ge|ste|hen, du ge|stehst, er ge|steht, er ge|stand, das Ge|ständ|nis
ge|sund, ge|sun|des Ge|mü|se
das **Ge|trei|de**, die Ge|trei|de|ar|ten
ge|wiss, die Ge|wiss|heit
glatt, die Glät|te
glau|ben, du glaubst, er glaub|te, der Glau|be, glaub|haft, gläu|big
gleich, glei|cher|ma|ßen, das Gleich|nis
das **Glück**, glück|lich
das **Gold**, gol|den, die gol|de|ne Ku|gel, gol|dig
der **Gott**, der Got|tes|dienst
gra|ben, du gräbst, er grub, ge|gra|ben, der Gra|ben
grei|fen, du greifst, er griff, be|grei|fen, der Griff, der Greif|arm
die **Gren|ze**, die Gren|zen
der **Grieß**, der Grieß|brei
groß, die Grö|ße
der **Grund**, die Grün|de, gründ|lich
sich **gru|seln**, du gru|selst dich, er gru|sel|te sich, das Gru|sel|mär|chen, gru|se|lig
der **Gum|mi**, die Gum|mis
gut, bes|ser, am bes|ten
das **Gym|na|si|um**, die Gym|na|si|en

H h

das **Haar**, die Haa|re, das Här|chen
ha|ben, ich ha|be, du hast, er hat, du hat|test, er hat|te, sie hat|ten, ihr hat|tet, ge|habt
ha|cken, du hackst, er hack|te, die Ha|cke
der **Ha|ken**, die Ha|ken, ein|ha|ken
hal|bie|ren, du hal|bierst, er hal|bier|te

han|deln, du han|delst, er han|del|te, die Hand|lung, der Händ|ler
das **Han|dy**, die Han|dys
der **Hang**, die Hän|ge
has|sen, du hasst, er hass|te, der Hass, häss|lich
has|ten, du has|test, er has|te|te, die Hast, has|tig
der **Hau|fen**
häu|fig, häu|fig feh|len
die **Haupt|stadt**, die Haupt|städ|te
die **Haut**, die Häu|te, die Häu|tung, sich häu|ten
der **Held**, die Hel|den, die Hel|din, hel|den|haft
hell, ein hel|ler Tag, die Hel|lig|keit
der **Herbst**, herbst|lich
herr|lich
herr|schen, du herrschst, er herrsch|te, der Herr|scher, die Herr|schaft
her|vor, her|vor|tre|ten
het|zen, du hetzt, er hetz|te, die Het|ze
heu|len, du heulst, er heul|te, das Ge|heul
die **He|xe**, die He|xen, ver|hext
hier
der **Hit**, die Hits
die **Hit|ze**, hit|zig, ein hit|zi|ger Streit, ein Hitz|kopf
das **Hob|by**, die Hob|bys
ho|cken, du hockst, er hock|te, die Ho|cke
hof|fen, du hoffst, er hoff|te, die Hoff|nung, hof|fent|lich
höf|lich, ein höf|li|ches Kind, die Höf|lich|keit
hohl, die Höh|le
die **Home|page**
hor|chen, du horchst, er horch|te, der Hor|cher
die **Hül|le**, die Hül|len
der **Hun|ger**, hung|rig, hun|gern, du hun|gerst, er hun|ger|te
hu|pen, du hupst, er hup|te, die Hu|pe
der **Hus|ten**, der Hus|ten|saft
hus|ten, du hus|test, er hus|te|te, hüs|teln

I i

ich
die **Idee**, die Ide|en
ihm, ihm hel|fen
ihn, ihn se|hen
ih|nen, ih|nen et|was ge|ben
ihr, ih|res, ih|rem, ih|ren
ih|re, ih|rer
die **Il|lus|trier|te**
im
imp|fen, du wirst ge|impft, er wur|de ge|impft, die Imp|fung
sich **in|for|mie|ren**, du in|for|mierst dich, er in|for|mier|te sich, die In|for|ma|ti|on
der **In|li|ner** (Rollschuh)
sich **in|te|res|sie|ren**, du in|te|res|sierst dich, er in|te|res|sier|te sich, das In|te|res|se, in|te|res|sant
in|ter|na|tio|nal
das **In|ter|net**
in|ter|vie|wen, du in|ter|viewst, er in|ter|view|te, das In|ter|view
ir|gend, ir|gend|je|mand, ir|gend|wann, ir|gend|wo
sich **ir|ren**, du irrst dich, er irr|te sich, der Irr|tum
ist, er ist da (Grundform: sein), aber: er isst (Grundform: essen)

J j

das **Jahr**, die Jah|re, jähr|lich
jam|mern, du jam|merst, er jam|mer|te, der Jam|mer, das Ge|jam|mer, jäm|mer|lich
jetzt
jog|gen, du joggst, er jogg|te, der Jog|ger, das Jog|ging
der **Jo|gurt** oder: das Jo|gurt
Jo|han|nis, das Jo|han|nis|feu|er, die Jo|han|nis|bee|re
ju|beln, du ju|belst, er ju|bel|te, der Ju|bel
die **Ju|gend**, der Ju|gend|li|che, ju|gend|lich
jung

K k

kahl, ein kah|ler Baum
der **Kahn**, die Käh|ne
der **Ka|len|der**, die Ka|len|der
die **Kam|mer**, die Kam|mern
der **Kampf**, die Kämp|fe, der Kämp|fer, kämp|fe|risch
kämp|fen, du kämpfst, er kämpf|te
der **Kar|ne|val**
die **Kar|tof|fel**, die Kar|tof|feln
die **Kas|set|te**, die Kas|set|ten
kas|sie|ren, du kas|sierst, er kas|sier|te, die Kas|se, der Kas|sie|rer, die Kas|sie|re|rin
keh|ren (fegen), du kehrst, er kehr|te
der **Keks**, die Kek|se
der **Kes|sel**, die Kes|sel
der **Ket|schup** oder: der Ket|chup
die **Kids**
das **Ki|lo**, die Ki|los, das Ki|lo|gramm (kg)
das **Kind**, die Kind|heit
die **Kir|che**, die Kir|chen, kirch|lich
die **Kir|sche**, die Kir|schen, kirsch|rot

die **Klam|mer**, die Klam|mern, klam|mern
der **Klang**, die Klän|ge
die **Klap|pe**, die Klap|pen, du klappst zu, es klappt
klap|pern, es klap|pert, klapp|rig
klar, kla|res Was|ser
klat|schen, du klatschst, er klatsch|te, der Klatsch
das **Kla|vier**, die Kla|vie|re
kle|ben, du klebst, es klebt, der Kle|ber, der Kleb|stoff, kleb|rig
der **Klecks**, die Kleck|se, die Kleck|se|rei
kleck|sen, du kleckst, er klecks|te
der **Klee**, das Klee|blatt
klem|men, es klemmt, die Klem|me
das **Kli|ma**, kli|ma|tisch
klin|gen, es klingt, es klang, ge|klun|gen
klop|fen, du klopfst, er klopf|te, an|klop|fen
der **Kloß**, die Klö|ße
klug, die Klug|heit
knal|len, es knallt, der Knall
kni|cken, du knickst, er knick|te, der Knick
das **Knie**, die Knie, hin|kni|en
der **Knopf**, die Knöp|fe
knöp|fen, du knöpfst, er knöpf|te
die **Knos|pe**, die Knos|pen
knur|ren, du knurrst, er knurr|te, knur|rig
der **Kom|pass**, die Kom|pas|se
kön|nen, du kannst, er kann, du konn|test, du könn|test, er konn|te, ge|konnt
kon|trol|lie|ren, du kon|trol|lierst, er kon|trol|lier|te, die Kon|trol|le
kos|ten, du kos|test, er kos|tet, die Kost, aber: es kos|tet viel Geld
der **Kranz**, die Krän|ze
das **Kraut**, die Kräu|ter
das **Kreuz**, die Kreu|ze, sich kreu|zen, ge|kreuzt
krie|chen, du kriechst, er kroch, ge|kro|chen
der **Krieg**, die Krie|ge, krie|ge|risch
die **Kri|tik**, die Kri|ti|ker, die Kri|ti|ke|rin, kri|tisch
krumm, ein krum|mer Stamm
küm|mern, du küm|merst dich, er küm|mer|te sich
die **Kur**, die Ku|ren
die **Kur|ve**, die Kur|ven, kur|vig
der **Kuss**, die Küs|se, ein Küss|chen
küs|sen, du küsst, er küss|te

L l

lä|cheln, du lä|chelst, er lä|chel|te, das Lä|cheln
lahm, ein lah|mes Pferd, die Läh|mung
das **Land**, die Län|der, die Land|schaft, länd|lich
lang|sam
die **Lär|che** (Laubbaum)
lär|men, du lärmst, er lärm|te, der Lärm
die **Lar|ve**, die Lar|ven
das **Laub**, die Laub|fär|bung
läu|ten, du läu|test, er läu|te|te, das Ge|läut
le|ben, du lebst, er leb|te, das Le|ben, le|ben|dig
le|cken, du leckst, er leck|te, die Le|cke|rei, le|cker
die **Leh|ne**, die Leh|nen, an|leh|nen
der **Leh|rer**, die Leh|rer, die Leh|re|rin, die Leh|re|rin|nen, leh|ren, ge|lehrt
lei|den, du lei|dest, er litt, ge|lit|ten, das Leid, die Lei|den|schaft, das Mit|leid, lei|der; es tut mir leid
len|ken, du lenkst, er lenk|te, der Len|ker, die Len|kung
die **Ler|che** (Singvogel)
ler|nen, du lernst, er lern|te
leuch|ten, das Licht leuch|tet, hell er|leuch|tet
das **Le|xi|kon**, die Le|xi|ka
lie|ben, du liebst, er lieb|te, die Lie|be
das **Li|ne|al**, die Li|ne|ale
die **Li|nie**, die Li|ni|en
links
lis|tig, die List
der **Li|ter** (l) oder: das Li|ter, die Li|ter
lo|ben, du lobst, er lob|te, das Lob, lo|bens|wert
die **Lo|cke**, die Lo|cken, lo|ckig
lo|ckern, du lo|ckerst, er lo|cker|te, die Lo|cke|rung
der **Lohn**, die Löh|ne
sich **loh|nen**, es lohnt sich, die Be|loh|nung
der **Luchs**, die Luch|se
die **Lü|cke**, die Lü|cken, lü|cken|los
die **Lü|ge**, die Lü|gen, der Lüg|ner, die Lüg|ne|rin, lüg|ne|risch
lü|gen, du lügst, er log, ge|lo|gen, an|lü|gen

M m

die **Macht**, mäch|tig
ma|dig, ein ma|di|ger Ap|fel
mä|hen, du mähst, er mäh|te, die Mahd
das **Mahl**, die Mahl|zeit
mah|len, Korn mah|len
mah|nen, du mahnst, er mahn|te, die Mah|nung
die **Mak|ka|ro|ni**
-mals: da|mals, je|mals, mehr|mals, nie|mals
man, man kann es nicht glau|ben
die **Man|da|ri|ne**, die Man|da|ri|nen
die **Map|pe**, die Map|pen
die **Mar|ga|ri|ne**

der **Markt**, die Märk|te
mar|schie|ren, du mar|schierst, er mar|schier|te, der Marsch
der **März**
das **Maß**, die Ma|ße, mä|ßig
der **Mast**, die Mas|ten
matt, ein mat|ter Licht|schein
das **Meer**, die Mee|re
meh|lig, das Mehl
mehr, nie mehr, meh|re|re
mein, mei|ne
der **Meis|ter**, die Meis|ter, die Meis|ter|schaft, meis|ter|haft
mel|den, du mel|dest, er mel|de|te, die Mel|dung
der **Mensch**, die Men|schen, mensch|lich
mes|sen, du misst, er maß, ge|mes|sen, ab|mes|sen, das Maß
das **Me|tall**, die Me|tal|le, me|tal|lisch, ein me|tal|li|scher Glanz
mich
die **Mie|ne** (Ge|sichts|aus|druck)
mie|ten, du mie|test, er mie|te|te, ver|mie|ten, die Mie|te, der Mie|ter
mild, ein mil|des Kli|ma
das **Mil|li|gramm** (mg), der Mil|li|me|ter (mm)
die **Mil|li|on**, die Mil|lio|nen
die **Mi|mik**, die Pan|to|mi|me
die **Mi|ne**, die Mi|nen, die Blei|stift|mi|ne
der **Mi|nu|end**, die Mi|nu|en|den
mir
mit
mit|ei|nan|der, mit|ei|nan|der re|den
der **Mit|tag**, mit|tags, die Mit|tags|pau|se
mi|xen, du mixt, er mix|te, der Mi|xer, das Mix|ge|tränk
der **Mond**, die Mon|de, der Mond|schein
das **Moor**, die Moo|re, moo|rig
das **Moos**, die Moo|se
das **Moun|tain|bike**, die Moun|tain|bikes
die **Mü|cke**, die Mü|cken
mü|de, die Mü|dig|keit
die **Mü|he**, die Mü|hen
sich **mü|hen**, du mühst dich, er müh|te sich, müh|sam
die **Müh|le**, die Müh|len; Mehl in der Müh|le mah|len
mul|ti|pli|zie|ren, du mul|ti|pli|zierst, die Mul|ti|pli|ka|ti|on
mur|ren, du murrst, er murr|te, mür|risch
das **Mus**, das Pflau|men|mus
die **Mu|sik**, mu|si|zie|ren, du mu|si|zierst, er mu|si|zier|te
müs|sen, du musst, er muss|te
mu|tig, der Mut
die **Mut|ter**, die Müt|ter, müt|ter|lich

N n

nach, nach Hau|s(e) ge|hen
der **Nach|bar**, die Nach|barn, nach|bar|schaft|lich
der **Nach|mit|tag**, nach|mit|tags
nächs|te, das nächs|te Mal, am nächs|ten Tag
nah, die Nä|he
nä|hen, du nähst, er näh|te, die Naht
nä|hern, du nä|herst dich, er nä|her|te sich
die **Nah|rung**, sich er|näh|ren
der **Narr**, die Nar|ren, När|ri|sches Trei|ben
nass, die Näs|se
der **Ne|bel**, die Ne|bel, neb|lig
der **Neid**, nei|disch
nen|nen, du nennst, er nann|te, der Nen|ner
nett, ein net|tes Wort
das **Netz**, die Net|ze
die **Neu|gier**, die Neu|gier|de, neu|gie|rig
neu|lich
neun, neun|zehn, neun|zig
nicht, gar nicht, nichts
ni|cken, du nickst, er nick|te, das Ge|nick
nie, nie mehr, auf und nie|der, nie|der|las|sen
nied|lich
nied|rig, nie|dri|ge Kos|ten
nie|mals
nie|mand
nie|seln, es nie|selt, der Nie|sel|re|gen
nir|gend, nir|gends
die **Ni|xe**, die Ni|xen
noch
no|tie|ren, du no|tierst, er no|tier|te, die No|ti|zen
die **Num|mer**, die Num|mern
num|me|rie|ren, du num|me|rierst, er num|me|rier|te, die Num|me|rie|rung
nun
nur
die **Nuss**, die Nüs|se
nut|zen, du nutzt, der Nut|zen
nüt|zen, es nützt nichts, nütz|lich

O o

oder
of|fen, die of|fe|ne Tür
öff|nen, du öff|nest, er öff|ne|te
oh|ne, oh|ne mich, oh|ne dich, oh|ne ihn, oh|ne sie
das **Öl**, die Öle, ölig, ge|ölt
der **Om|ni|bus**, die Om|ni|bus|se
die **Oran|ge**, die Oran|gen
or|dent|lich
ord|nen, du ord|nest, er ord|ne|te, die Ord|nung
or|ga|ni|sie|ren, du or|ga|ni|sierst, er or|ga|ni|sier|te, die Or|ga|ni|sa|ti|on

ori|en|tie|ren, du ori|en|tierst dich, er ori|en|tier|te sich, die Ori|en|tie|rung
Os|tern, das Os|ter|ei, ös|ter|lich
oval, eine ova|le Flä|che
der **Oze|an**, die Oze|ane

P p

das **Paar**, die Paa|re, das Pär|chen
der **Pan|ter**, die Pan|ter
das **Pa|pier**, die Pa|pie|re
der **Park**, die Parks
der **Part|ner**, die Part|ner
der **Pass**, die Päs|se
das **Pech**, pech|schwarz
das **Pe|dal**, die Pe|da|le
der **Pelz**, die Pel|ze
das **Pfand**, die Pfän|der
pfei|fen, du pfeifst, er pfiff, ge|pfif|fen, die Pfei|fe
der **Pfiff**, die Pfif|fe, pfif|fig
Pfings|ten
der **Pfir|sich**, die Pfir|si|che
das **Pflas|ter**, die Pflas|ter
die **Pflau|me**, die Pflau|men
die **Pflicht**, die Pflich|ten
der **Pflug**, die Pflü|ge, **pflü|gen**, du pflügst
das **Pick|nick**
der **Pilz**, die Pil|ze
die **Piz|za**, die Piz|zas oder: die Piz|zen
das **Pla|kat**, die Pla|ka|te
der **Platz**, die Plät|ze
plötz|lich, ein plötz|li|cher Ein|fall
die **Po|li|zei**, der Po|li|zist, die Po|li|zis|tin, die Po|li|zis|ten
die **Pommes frites**
das **Port|mo|nee**, die Port|mo|nees
po|si|tiv, ein po|si|ti|ves Er|geb|nis
prah|len, du prahlst, er prahl|te, die Prah|le|rei
pres|sen, du presst, er press|te, die Pres|se
pro|bie|ren, du pro|bierst, er pro|bier|te, die Pro|be
das **Pro|gramm**, die Pro|gram|me, pro|gram|mie|ren
der **Pud|ding**
der **Pul|lo|ver**, die Pul|lo|ver
pünkt|lich

Q q

das **Qua|drat**, die Qua|dra|te, qua|dra|tisch
qua|ken, Frö|sche qua|ken
quä|len, du quälst, er quäl|te, die Quä|le|rei
der **Qualm**, qual|men, es qualmt, ver|qualmt
der **Quark**
quat|schen, du quatschst, er quatsch|te, der Quatsch
die **Quel|le**, die Quel|len
quel|len, es quillt, es quoll, ge|quol|len
quer, in die Que|re kom|men
quet|schen, du quetschst, er quetsch|te, die Quet|schung
quie|ken, er quiekt, es quiek|te
quir|len, du quirlst, ge|quirlt, der Quirl
das **Quiz**, die Quiz|fra|ge

R r

der **Rah|men**, die Rah|men
ran|ken, der Wein rankt, die Ran|ke
rasch
ra|scheln, du ra|schelst, er ra|schel|te
ra|sen, du rast, er ras|te
ras|ten, du ras|test, er ras|te|te, die Rast
rau, das raue Fell
rau|ben, du raubst, er raub|te, der Raub, die Räu|ber, räu|be|risch
räu|men, du räumst, er räum|te, der Raum
rau|schen, es rauscht, das Ge|räusch
rechts, rechts und links
sich **re|cken**, du reckst dich, er reck|te sich
der **Re|cor|der**, auch: Re|kor|der
re|gel|mä|ßig
der **Re|gen**, es reg|net, reg|ne|risch
das **Reh**, die Re|he, das Reh|kitz
rei|ben, du reibst, er rieb, die Rei|be, die Rei|bung
rei|chen, du reichst, es reicht, reich|lich
die **Rei|he**, die Rei|hen
rei|ßen, du reißt, er riss, der Riss
rei|ten, du rei|test, er ritt, der Ritt
rei|zen, du reizt, er reiz|te, der Reiz, die Rei|zung
ren|nen, du rennst, er rann|te, das Ren|nen
re|pa|rie|ren, du re|pa|rierst, er re|pa|rier|te, die Re|pa|ra|tur
ret|ten, du ret|test, er ret|te|te, der Ret|ter, die Ret|tung
rie|chen, du riechst, er roch, ge|ro|chen, der Ge|ruch
rie|seln, es rie|selt
rin|nen, der Re|gen rinnt, die Rin|ne, ge|ron|nen
roh, ro|hes Ge|mü|se
das **Ross**, die Ros|se, die Ross|kas|ta|nie
ros|ten, es ros|tet, es ros|te|te, der Rost, ros|tig
der **Ruck|sack**, die Ruck|sä|cke
die **Rück|sicht**, rück|sichts|voll
rück|wärts
ru|fen, du rufst, er rief, der Ruf
ru|hen, du ruhst, er ruh|te, die Ru|he, ru|hig
rüh|ren, du rührst, er rühr|te, ver|rüh|ren
rund, rund|lich

rut|schen, du rutschst, er rutsch|te, die Rut|sche

S s

der **Saal**, die Sä|le
die **Saat**, die Saa|ten, sä|en
der **Sack**, die Sä|cke
die **Sah|ne**, sah|nig
die **Samm|lung**, die Samm|lun|gen, sam|meln, ver|sam|meln
der **Sams|tag**, sams|tags
die **Schach|tel**, die Schach|teln
der **Scha|den**, die Schä|den, scha|den, schäd|lich
schä|len, du schälst, er schäl|te, die Scha|le
schal|len, es schallt, der Schall, schall|dicht
schä|men, du schämst dich, er schäm|te sich, die Scham
scharf, der schar|fe Senf
der **Schat|ten**, die Schat|ten, schat|tig
der **Schatz**, die Schät|ze
schät|zen, du schätzt, er schätz|te, die Schät|zung, ver|schät|zen
schäu|men, es schäumt, der Schaum, schau|mig
die **Schei|be**, die Schei|ben
schei|nen, sie schien
scher|zen, du scherzt, er scherz|te, der Scherz
scheu, ein scheu|er Blick
der **Schi**, die Schi|er
die **Schicht**, die Schich|ten
schief, ein schie|fer Turm
die **Schie|ne**, die Schie|nen
schie|ßen, du schießt, er schoss
das **Schild**, die Schil|der (Aushängeschild); aber: der Schild (das Schutzschild)
schimp|fen, du schimpfst, er schimpf|te
schla|fen, du schläfst, er schlief, ge|schla|fen, der Schlaf, die Schlä|fer
die **Schlag|zei|le**, die Schlag|zei|len
die **Schlei|fe**, die Schlei|fen
schließ|lich
schlin|gen, du schlingst, er schlang, die Schlin|ge
der **Schlitz**, die Schlit|ze
das **Schloss**, die Schlös|ser
schluch|zen, du schluchzt, er schluchz|te
schlu|cken, du schluckst, er schluck|te, der Schluck
schlüp|fen, du schlüpfst, er schlüpf|te, das Schlupf|loch
schmal, der schma|le Steg
schmei|ßen, du schmeißt, er schmiss
schmel|zen, es schmilzt, es ist ge|schmol|zen, der Schmelz
schmie|ren, du schmierst, er schmier|te, die Schmie|re
das **Schnit|zel**
der **Schnup|fen**
die **Schnur**, die Schnü|re
schnü|ren, du schnürst
schon
sich **scho|nen**, du schonst dich, er schon|te sich, die Scho|nung
schräg, ein schrä|ger Hang
schrau|ben, du schraubst, er schraub|te, die Schrau|be
der **Schreck**, schreck|lich
schrei|ten, du schrei|test, er schritt, der Schritt
die **Schuld**, schul|dig, schuld|los
der **Schuss**, die Schüs|se
schüt|ten, du schüt|test, er schüt|te|te, der Schutt
schwan|ken, du schwankst, er schwank|te
schwit|zen, du schwitzt, er schwitz|te, der Schweiß
sechs, sech|zehn, sech|zig, sechs|hun|dert
sehr, sehr gut
die **Sei|de**, sei|dig
sein, ich bin, du bist, er ist, wir sind, ihr seid, sie sind, du warst, er war, ge|we|sen
sei|ne, sei|ner
seit, seit heu|te, seit wann
die **Sei|te**, die Sei|ten
sel|ber, selbst
si|cher, ei|ne si|che|re Stel|le
si|cher|lich
si|chern, du si|cherst, er si|cher|te, die Si|cher|heit
die **Sicht**, eine gu|te Sicht
sie
sie|ben, sieb|zehn, sieb|zig, sie|ben|hun|dert
sie|gen, du siegst, er sieg|te, der Sie|ger, sieg|reich
das **Sil|ber**, sil|bern, silb|rig
Sil|ves|ter, der Sil|ves|ter|abend
sin|ken, du sinkst, es sinkt, es sank, ge|sun|ken, die Sen|ke
das **Skate|board**
der **Ski**, die Ski|er oder: der Schi, die Schi|er
das **Snow|board**
so
so|fort, so|fort kom|men
so|gar, so|gar heu|te
sol|che, sol|cher, sol|ches
sich **sor|gen**, du sorgst dich, die Sor|ge
die **So|ße**, die So|ßen
die **Spal|te**, die Spal|ten
span|nen, du spannst, er spann|te, die Span|nung
der **Spaß**, die Spä|ße, spa|ßig
spät, am spä|ten Abend
spa|zie|ren, du spa|zierst, er spa|zier|te, der Spa|zier|gang
spen|den, du spen|dest, er spen|de|te, die Spen|de
der **Spie|gel**, die Spie|gel, die Spie|ge|lung, sich spie|geln
spie|len, du spielst, er spiel|te, das Spiel
der **Sport**, die Sport|ler, die Sport|le|rin, sport|lich
spot|ten, du spot|test, er spot|te|te, der Spott, spöt|tisch

spre|chen, du sprichst, er sprach, ge|spro|chen, die Spra|che
spren|gen, du sprengst, er spreng|te, die Spren|gung
der **Spruch**, die Sprü|che
spü|len, du spülst, er spül|te, die Spü|le, die Spü|lung
die **Spur**, die Spu|ren mehr|spu|rig
der **Staat**, die Staa|ten, staat|lich
das **Sta|di|on**
der **Stamm**, die Stäm|me, stäm|mig
der **Stän|gel**, die Stän|gel
star|ten, du star|test, er star|te|te, der Start
statt, statt|fin|den
stau|big, der Staub
ste|chen, du stichst, er stach, der Stich
steh|len, du stiehlst, er stahl, ge|stoh|len, der Dieb|stahl
stem|peln, du stem|pelst, er stem|pel|te, der Stem|pel
ster|ben, du stirbst, er starb, ge|stor|ben
der **Stern**, die Ster|ne, die ster|n(en)|kla|re Nacht
stets (im|mer)
das **Steu|er**, steu|ern
die **Steu|er**, Steu|ern zah|len, die Hun|de|steu|er
der **Stiel**, die Stie|le
der **Stift**, die Stif|te
die **Stim|me**, die Stim|men, stim|men, es stimmt, die Stim|mung
der **Stock**, die Stö|cke
stolz, stolz wie ein Pfau, der Stolz
stol|zie|ren, du stol|zierst, er stol|zier|te
stö|ren, du störst, er stör|te, die Stö|rung
sto|ßen, du stößt, er stieß, der Stoß
strah|len, du strahlst, er strahl|te, der Strahl
der **Strauß**, die Sträu|ße
sich **stre|cken**, du streckst dich, er streck|te sich, die Stre|cke, die Stre|ckung
strei|cheln, du strei|chelst, er strei|chel|te
strei|chen, du streichst, er strich, der Strich
strei|ten, du strei|test, er stritt, ge|strit|ten, der Streit
streng, die Stren|ge
stri|cken, du strickst, er strick|te, das Strick, die Strick|na|del
das **Stroh**, stro|hig
der **Strom**, die Strö|me, die Strö|mung, strö|men
der **Strumpf**, die Strümp|fe
die **Stu|be**, die Stu|ben
stumm, ein stum|mer Mensch
stumpf, ein stump|fes Mes|ser
stür|men, du stürmst, er stürm|te, der Stür|mer, der Sturm
stür|zen, du stürzt, er stürz|te, der Sturz
sub|tra|hie|ren, du sub|tra|hierst, die Sub|trak|ti|on
su|chen, du suchst, er such|te, der Su|cher, die Such|ma|schi|ne
sur|fen, du surfst, er surf|te, das Surf|brett, im In|ter|net sur|fen
süß, die Sü|ßig|kei|ten, sü|ßen, du süßt, ver|sü|ßen

T t

die **Ta|bel|le**, die Ta|bel|len
das **Ta|blett**, die Ta|bletts
der **Ta|lis|man**
tap|fer, der tap|fe|re Rit|ter, die Tap|fer|keit
die **Tat**, die Ta|ten
tau|schen, du tauschst, er tausch|te, der Tausch
sich **täu|schen**, du täuschst dich, die Täu|schung
tau|send, ein|tau|send
das **Ta|xi**, die Ta|xis
die **Tech|nik**, die Tech|ni|ker, die Tech|ni|ke|rin, tech|nisch
der **Teer**, die Stra|ße tee|ren
te|le|fo|nie|ren, du te|le|fo|nierst, er te|le|fo|nier|te, Te|le|fon, te|le|fo|nisch
das **Te|le|gramm**, die Te|le|gram|me
der **Tep|pich**, die Tep|pi|che
der **Ter|min**, die Ter|mi|ne
tes|ten, du tes|test, er tes|te|te, Test
teu|er, das teu|re Kleid
der **Text**, die Tex|te
das **Ther|mo|me|ter**, die Ther|mo|me|ter
das **Ti|cket**, die Ti|ckets
tip|pen, du tippst, er tipp|te, der Tipp
der **Ti|tel**, der Buch|ti|tel
toll, ein tol|les Er|leb|nis
die **Ton|ne**, die Ton|nen
die **Tour**, die Tou|ren, der Tou|rist, die Tou|ris|tin
trai|nie|ren, du trai|nierst, er trai|nier|te, der Trai|ner, das Trai|ning
die **Trä|ne**, die Trä|nen
sich **trau|en**, du traust dich, er trau|te sich, die Trau|ung
träu|men, du träumst, er träum|te, der Traum, träu|me|risch
trau|rig, die Trau|er
tref|fen, du triffst, er traf, der Treff|punkt
tren|nen, du trennst, er trenn|te, die Tren|nung
tre|ten, du trittst, er trat, ge|tre|ten, der Tritt
der **Trop|fen**, die Trop|fen, trop|fen, es tropft, tröp|feln
der **Trost**, trös|ten, tröst|lich
trot|zig, der Trotz
trüb, trü|bes Was|ser

das **T-Shirt**
der **Turm**, die Tür|me
der **Typ**, die Ty|pen, ty|pisch

U u

über
über|all, über|haupt
über|ra|schen,
du über|raschst,
er über|rasch|te,
die Über|ra|schung
üb|lich, der üb|li|che Weg
üb|rig, üb|ri|gens
ul|kig, ein ul|ki|ges Bild,
ver|ul|ken
um
um|her, um|her|lau|fen
und
un|ge|fähr
das **Un|glück**, un|glück|lich
uns, un|ser, un|se|re Klas|se
un|ten, un|ter
der **Un|ter|richt**, un|ter|rich|ten,
er un|ter|rich|te|te
un|ter|schei|den,
der Un|ter|schied,
un|ter|schied|lich
un|ver|se|hens
ur|alt, die Ur|groß|el|tern
der **Ur|laub**, die Ur|lau|ber
die **Ur|zeit**, ur|zeit|lich

V v

die **Va|se**, die Va|sen
das **Veil|chen**, die Veil|chen
das **Ven|til**, die Ven|ti|le
ver|ach|ten,
du ver|ach|test ihn,
die Ver|ach|tung,
ver|ächt|lich
ver|bes|sern,
du ver|bes|serst die Feh|ler,
er ver|bes|ser|te,
die Ver|bes|se|rung,
un|ver|bes|ser|lich
ver|bie|ten, du ver|bie|test,
er ver|bat, ver|bo|ten,
das Ver|bot
ver|däch|ti|gen,
du ver|däch|tigst,
er ver|däch|tig|te,
der Ver|dacht
ver|kehrt
ver|knack|sen
ver|le|gen sein,
du bist ver|le|gen,
er war ver|le|gen,
die Ver|le|gen|heit
ver|let|zen,
du ver|letzt dich,
er ver|letz|te sich,
die Ver|let|zung
ver|nünf|tig, die Ver|nunft
ver|ra|ten, du ver|rätst,
er ver|riet, der Ver|rat
ver|sam|meln,
sie ver|sam|mel|ten sich,
die Ver|samm|lung
ver|säu|men, du ver|säumst,
er ver|säum|te,
das Ver|säum|nis
ver|söh|nen,
du ver|söhnst dich,
er ver|söhn|te sich,
die Ver|söh|nung
ver|ständ|lich, eine
ver|ständ|li|che Ant|wort,
die Ver|stän|di|gung
ver|tei|di|gen,
du ver|tei|digst,
er ver|tei|dig|te,
die Ver|tei|di|gung
die **Ver|wandt|schaft**,
ver|wandt|schaft|lich
ver|wech|seln,
du ver|wech|selst,
er ver|wech|sel|te,
die Ver|wechs|lung
das **Ver|zeich|nis**
ver|zei|hen, du ver|zeihst,
er ver|zieh, Ver|zei|hung!
das **Vi|deo**, die Vi|deos
das **Vieh**, die Vieh|her|de
viel|leicht
vier, vier|zig, vier|hun|dert
das **Vier|eck**, die Vier|ecke,
vier|eckig
das **Volk**, die Völ|ker
voll, völ|lig
vom
von
vor, vor|bei
vo|ran, vo|raus
vor|der-, das Vor|der|rad
vo|rig, im vo|ri|gen Mo|nat
der **Vor|mit|tag**,
die Vor|mit|ta|ge,
vor|mit|tags
der **Vor|rat**, die Vor|rä|te,
vor|rä|tig
die **Vor|sicht**, vor|sich|tig,
un|vor|sich|tig
vor|wärts

W w

die **Waa|ge**, die Waa|gen
das **Wachs**, wach|sen,
er wachs|te die Schi|er
wach|sen, du wächst,
er wuchs, ge|wach|sen,
der Wuchs, das Ge|wächs
wack|lig,
ein wack|li|ges Ge|län|der,
wa|ckeln
wa|gen, du wagst,
er wag|te, das Wag|nis
wäh|len, du wählst,
er wähl|te, die Wahl
wahr,
ei|ne wah|re Ge|schich|te,
die Wahr|heit
wäh|rend,
wäh|rend des Un|ter|richts
das **Wahr|zei|chen**,
die Wahr|zei|chen
die **Wai|se**, das Wai|sen|kind
der **Wal**, die Wa|le
der **Wald**, die Wäl|der, wal|dig
der **Walk|man**
wan|dern, du wan|derst,
er wan|der|te,
die Wan|de|rung
war (Grundform: sein)
warm, sich wär|men,
du wärmst dich,
er wärm|te sich, die Wär|me
war|nen, du warnst,
er warn|te, die War|nung
was

we|ben, du webst, er web|te, der We|ber, die We|be|rin
wech|seln, du wech|selst, er wech|sel|te, der Wech|sel, die Ver|wechs|lung
we|cken, du weckst, er weck|te, der We|cker
we|der, we|der noch, ent|we|der
weg, weg|neh|men
we|gen, we|gen dir
weh, es tut weh, O weh!
sich **weh|ren**, du wehrst dich, er wehr|te sich
wel|che, wel|cher, wel|ches
die **Wel|le**, die Wel|len
wen|den, du wen|dest, er wen|de|te, die Wen|dung
wenn
wer|den, ich wer|de, du wirst, er wird, ihr wer|det, du wur|dest, er wur|de, wir wur|den, ihr wur|det, ge|wor|den
wer|ten, du wer|test, er wer|te|te, aus|wer|ten, die Wer|tung
wes|sen
wet|ten, du wet|test, er wet|te|te, die Wet|te
das **Wet|ter**, die Wet|ter|re|gel
wich|tig, die Wich|tig|keit
wi|der (gegen), wi|der al|le Re|geln, wi|der|le|gen
wie
wie|der (noch einmal), wie|der ein|mal, wie|der|ho|len
wie|gen, du wiegst, er wog, die Waa|ge
win|ken, du winkst, er wink|te, der Wink
wir
wir|ken, du wirkst, es wirk|te, die Wir|kung
wirk|lich, die Wirk|lich|keit
der **Witz**, die Wit|ze, wit|zig
wo
wohl, sich wohl|füh|len, woh|lig, das Wohl
wund, die Wun|de
wün|schen, du wünschst, er wünsch|te, der Wunsch
wü|tend, die Wut

X x

die **X-Bei|ne**, x-be|lie|big, x-mal
das **Xy|lo|phon**, die Xy|lo|pho|ne

Y y

die **Yacht** oder Jacht, die Yach|ten
der **Ye|ti** (Schnee|mensch)
das **Yo|ga** oder: Jo|ga
das **Yp|si|lon** (Buch|sta|be)

Z z

zäh, zä|hes Fleisch
zahm, zäh|men, du zähmst, er zähm|te, die Zäh|mung
sich **zan|ken**, du zankst dich, er zank|te sich, der Zank, das Ge|zänk, zän|kisch
zap|peln, du zap|pelst, er zap|pel|te, zapp|lig
zau|bern, du zau|berst, er zau|ber|te, der Zau|be|rer, zau|ber|haft
zehn, zehn|tau|send
die **Zeit**
die **Zei|tung**, die Zei|tun|gen
zel|ten, du zel|test, er zel|te|te, das Zelt
das **Zen|trum**
zer|bre|chen, du zer|brichst, er zer|brach
das **Zeug|nis**, die Zeug|nis|se
zier|lich, ei|ne zier|li|che Fi|gur
der **Zip|fel**, die Zip|fel, die Zip|fel|müt|ze, zipf|lig
der **Zir|kel**, die Zir|kel
zi|schen, es zischt, die Schlan|ge zisch|te
die **Zi|tro|ne**, die Zi|tro|nen
der **Zopf**, die Zöp|fe
zu
der **Zu|cker**, zu|ckern, ge|zu|ckert, zuck|rig
die **Zu|kunft**, zu|künf|tig
zum, zur
zup|fen, du zupfst, er zupf|te
sich **zu|recht|fin|den**, du fin|dest dich zu|recht, er fand sich zu|recht
zu|ver|läs|sig
züch|ten, du züch|test, er züch|te|te, die Zucht, die Züch|tung
zwan|zig, zwan|zig|mal
zwar
der **Zweck**, zweck|los
zwei, zwei|hun|dert, zwei|tau|send
zwei|feln, du zwei|felst, er zwei|fel|te, der Zwei|fel
der **Zwil|ling**, die Zwil|lin|ge
zwin|gen, du zwingst, er zwang, der Zwang
zwölf, zwölf|tau|send

Kapitel	Sprechen und Zuhören	Schreiben/Texte verfassen
In der Schule Seite 5–14 	Bild und Text als Erzählanlass nutzen: Gedanken und Meinungen äußern (5); Vorschläge vortragen (6); Vorschläge im Hinblick auf ihre Umsetzbarkeit beurteilen (6); Pläne besprechen (14)	Wünsche aufschreiben (6); Vorstellungen von einer Traumschule aufschreiben (6); ein Akrostichon schreiben (6); einen Brief schreiben (7); Vorhaben in einen Kalender eintragen (14)
Im Herbst Seite 15–24 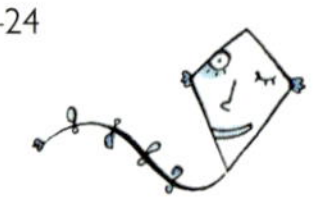	Bild und Gedicht als Erzählanlass nutzen: über Veränderungen im Herbst sprechen (15); unbekannte Wörter klären (17); die Wirkung von Adjektiven erklären (18); Regenwörter sammeln (19); eine Geräuschgeschichte nachspielen (19); über Halloween sprechen (24); Hexensprüche erfinden (24)	Vogelnamen aufschreiben (16); Sätze mit Farbadjektiven schreiben (18); eine Farben-geschichte schreiben (18); ein Herbst-Haiku schreiben (18); Wörtertreppen bilden (19); eine Geschichte mit allen vier Fällen eines Nomens schreiben (23)
Meine Wünsche und Träume Seite 25–32 	Bild und Gedicht als Erzählanlass nutzen: über Wünsche und Träume sprechen (25); über Wunschberufe sprechen (26); über Erwartungen sprechen (27); ein Interview vorbereiten und durchführen (27); über Briefe sprechen (28); den Inhalt eines Textes mündlich wiedergeben (29); Informationen einholen (29); über die Bedeutung von Sprichwörtern sprechen (30)	Zukunftspläne aufschreiben (26); Erwartungen formulieren (27); einen Fragebogen erarbeiten (27); in einem Kurzbrief Wünsche, Bitten oder Dank formulieren (28); Informationen aus einem Sachtext entnehmen und in Stichpunkten aufschreiben (29)
Miteinander leben Seite 33–42 	Bild und Gedicht als Erzählanlass nutzen: über zwischen-menschliche Beziehungen sprechen (33); einen Text lesen und sich eine Meinung bilden (34); über ein persönliches Erlebnis sprechen (34); ein Thema für den Klassenrat wählen (36); Regeln für den Klassenrat entwickeln (36); eine Klassenratssitzung spielen (37); eine selbst verfasste Geschichte vorlesen (39)	eine Geschichte weiterschreiben (34); einen Tagebucheintrag schreiben (34); einen Brief schreiben (35); einen Text planen: Stichwort-kärtchen schreiben; nach einem roten Faden eine Geschichte zum Thema „Miteinander leben“ schreiben (38); Wiederholung: Kriterien für eine Textüberarbeitung anwenden (39); Ich-Botschaften schreiben (42)
Im Winter Seite 43–52 	Bild und Gedicht als Erzählanlass nutzen: über den Winter sprechen, ihn beschreiben oder malen (43); Märchen erkennen (44, 45) und nacherzählen (44); ein Märchen nach Verben (Erzählspur) erzählen (45); ein Märchen mit verteilten Rollen erzählen (45); über eine Weihnachtsgeschichte sprechen (48), Pläne formulieren (49), Weihnachtsgerichte (52)	ein Märchen schreiben (44); ein Märchenalphabet schreiben (44); einen Gegenstand beschreiben (46, 47); Reime erfinden (49)
Von Tieren und Menschen Seite 53–62 	Bild und Gedicht als Erzählanlass nutzen: über Unterschiede und Gemeinsamkeiten von Mensch und Tier sprechen (53); aus Bildern und einer Tabelle Informationen entnehmen (54); über Informationsquellen sprechen (56); über Kriterien für einen Vortrag beraten (57); von Gehörtem oder Gelesenem erzählen (58); Meinungen austauschen und begründen (58); über artgerechte Tierhaltung diskutieren (59); die Arbeit in der Gruppe reflektieren (59)	aus Sachtexten Informationen entnehmen (55); einen Vortrag vorbereiten und üben (55, 56, 57); Meinungen zusammenfassen (58); eine Pro-und-Kontra-Liste erstellen (58); einen Merkzettel/ein Informationsplakat entwickeln (59)
Kreuz und quer durch unser Land Seite 63–70 	Bild und Gedicht als Erzählanlass nutzen: über heimische Sehenswürdigkeiten sprechen (63); Mundarttexte lesen, vortragen, spielerisch darstellen (64); Sprüche, Wörter und Begebenheiten in Mundart sammeln und vortragen (64)	eine Vorgangsbeschreibung (Rezept) geordnet aufschreiben (65); eine Wegbeschreibung verfassen (66); Fragen nach Ort und Richtung stellen und beantworten (66, 67); Rätsel verfassen (70)

Sprache und Sprachgebrauch untersuchen	Rechtschreiben	Projekte/fächerübergreifende Ideen
Wiederholung: Zeitformen des Verbs: Grundform/Präsens/Präteritum (8, 9); Zeitformen des Verbs kennen lernen: Perfekt (9); das Perfekt verwenden (12, 13); Wörter nach Wortarten ordnen (12); Adjektive auf -ig, -lich und -isch bilden (13)	Anrede- und Possessivpronomen großschreiben (7); sich im Wörterbuch orientieren (10); Wörter nach dem Alphabet ordnen (11); Wörter trennen (11); Wörter im Wörterverzeichnis suchen (11); zusammengesetzte Nomen bilden (11); Wortstämme markieren (13) **Wörter mit ch und sch:** Minimalpaare bilden (12); aus Wortstämmen Wörter bilden (12); Adjektive auf -ig, -lich und -isch bilden (13)	die Schulzeit der Großeltern erkunden; ein Schulmuseum besuchen; mit jüngeren Schülern/anderen Klassen kooperieren
Sätze bilden (16); gebeugte Verbformen erkennen (16); Wiederholung: Satzglieder erfragen (16); Satzkerne aufschreiben (16); Wiederholung: die vier Fälle bilden; deklinierte Nomen richtig einsetzen (17); Subjekt und Objekt erfragen (17, 23); zusammengesetzte Adjektive erkennen und bilden (18); Nomen mit Artikel deklinieren und nach dem Fall fragen (19); Wörter nach Wortarten ordnen (22); abgeleitete Adjektive auf -ig, -lich und -isch bilden (23); mit Verben verwandte Nomen bilden (23); Nomen auf -ung verwenden (23); zusammengesetzte Nomen bilden (23)	zusammengesetzte Verben bilden und verwenden (19, 22); Rechtschreibstrategien einüben (20); weitere Übungsmöglichkeiten anwenden (21); **Doppelte Mitlaute (Konsonanten):** Wörter mit doppeltem Mitlaut bilden (22); abgeleitete Adjektive auf -ig, -lich und -isch bilden (23)	Veränderungen der Tiere im Herbst beobachten; Unterrichtsgang mit dem Förster organisieren; Blätterdruck in Herbstfarben anfertigen; eine Blättermappe anlegen; Halloween planen und vorbereiten: Getränkerezepte ausprobieren, Monstertinte herstellen, Hexensprüche erfinden
Zeitformen des Verbs kennen lernen: Futur (26); das Verb „werden" konjugieren (26); Zeitformen (Präsens und Futur) bilden und im Satz anwenden (27); Fallrichtiges Schreiben: „das Glück" deklinieren (30); Wortfamilie „träumen" (30); verwandte Wörter (a – ä, au – äu) finden (30); verwandte Wörter zu „weisen" bilden (30)	**Umlaute und Zwielaute:** Wiederholung: Strategie der Wortverwandtschaft anwenden (30); **Wörter mit aa, ee, oo:** zusammengesetzte Nomen ergänzen und bilden (31); Nomen mit aa finden (31); Nomen mit aa, ee, oo umschreiben (31); ein Übungsdiktat schreiben (Wörter mit eu oder äu) (31)	einen Klassenbriefkasten einrichten und nutzen; ein Tagebuch basteln; Ausschnitte aus fiktiven Tagebüchern lesen
Fallrichtiges Schreiben: „der Ball" deklinieren (34); Wiederholung: Personalpronomen als Ersatz für Nomen verwenden (34); Satzbaupläne kennen lernen, verstehen und schreiben (35); Dativ- und Akkusativobjekte kennen lernen, einsetzen und erfragen (35, 40); Präpositionen kennen lernen und verwenden (37, 40, 41); zusammengesetzte Nomen bilden (41); ein Nomen fallrichtig ergänzen (41)	Wiederholung: **Wörter mit ng und nk** Wörter mit ng und nk sortieren (40); Wortfamilien bilden (40); Reimwörter finden (40); Wiederholung: **Wörter mit pf** Wortfamilien bilden (41); Wörter geordnet aufschreiben (41); ein Übungsdiktat schreiben (41)	Buchbesprechungen bzw. -lesungen durchführen (z. B. „Ben liebt Anna" von Peter Härtling); Orden basteln und verleihen; ein Lied gestalten („Anders als du")
Zeitformen (Präsens, Präteritum, Perfekt) bei starken und schwachen Verben bilden (45); Kommasetzung bei Aufzählungen und komplexen Sätzen üben (46, 47); Sätze teilen (47); mit Bindewörtern Sätze verbinden (47); fallrichtiges Schreiben (48, 51); Verbformen im Futur bilden (49); Wörter nach Wortarten ordnen (50); 3. Person Singular im Präsens und Präteritum bilden (50); zusammengesetzte Nomen bilden (50); aus Verben Nomen bilden (51)	Kommasetzung bei Aufzählungen und komplexen Sätzen üben (46, 47); Wiederholung: **Wörter mit Sp/sp und St/st** Wörter mit Sp/sp/St/st finden und bilden (50); Reime finden (50) **Wörter mit V/v:** Wörter mit „vor-" und „ver-" bilden (51); ein Übungsdiktat schreiben (51)	ein Märchen verfremden und mit verteilten Rollen spielen; ein Märchenbuch schreiben und gestalten; Zauberzubehör basteln; Weihnachtsbaumschmuck basteln; Rezepte für Früchtepunsch, Bratäpfel oder Weihnachtsplätzchen ausprobieren; Geschenkkarten basteln
Wiederholung: Adjektive steigern (54); Einwände oder Zustimmung mit den Konjunktionen „weil", „denn", „da" begründen (58); verwandte Wörter finden (60); Wortbedeutungen untersuchen (60, 62); zusammengesetzte Nomen bilden (61)	Wiederholung: **Wörter mit ss und ß** kurze und lange Vokale erkennen und für die Schreibung nutzen (60); Nomen im Plural bilden und nach Silben trennen (60); Reimwörter finden (60); Stammformen von Verben üben (60); ss und ß richtig einsetzen (61); Nomen mit den Nachsilben -nis und -nisse bilden (61)	eine Informationsmappe über Haustiere erstellen und gestalten; ein Tierheim besuchen; eine Schattenspiel-Geschichte entwickeln
Mundart verstehen und vergleichen (64); Wortbedeutungen anhand von Wortfamilien erschließen (65); zusammengesetzte Nomen bilden (65); fallrichtiges Sprechen und Schreiben bei Orts- und Richtungsangaben (66, 67); Präpositionen verwenden (67); stammverwandte Nomen bilden (68); verwandte Verben mit der Vorsilbe ver- finden (68); abgeleitete Adjektive auf -ig, -lich und -isch bilden (69); Gegensatzpaare bei Adjektiven finden (69)	Wiederholung: **Wörter mit b, d, g am Wortstammende und Wortende** Verben im Präteritum und im Infinitiv aufschreiben (68); stammverwandte Nomen bilden (68); verwandte Verben mit der Vorsilbe ver- finden (68); Reimwörter aufschreiben (68); eine Verlängerungsstrategie (Pluralbildung) anwenden (69); ein Übungsdiktat schreiben (69)	Kartoffelgerichte zubereiten; Bilder mit Kartoffeldruck gestalten; eine Stadtsafari organisieren und durchführen; eine Schatzsuche durchführen; Plakate über heimische Sehenswürdigkeiten gestalten; eine Wissenskartei mit wichtigen Orten für Kinder anlegen

Kapitel	Sprechen und Zuhören	Schreiben/Texte verfassen
Seltsames und Interessantes Seite 71–80 	Bild und Text als Erzählanlass nutzen: über Till Eulenspiegel und Pippi Langstrumpf sprechen (71); eine Geschichte lesen und weitererzählen (72); eine Geschichte nachspielen (73); Sachtexte lesen und sich darüber austauschen (76, 77); über interessante Menschen sprechen (76); Bilder beschreiben (77); seine Meinung äußern (77); Redewendungen erklären (78); ein Interview planen und durchführen (80)	einen Text in die Ich-Form setzen (73, 77); wörtliche Rede verwenden (73); einem Sachtext Informationen entnehmen (76); Fragen an einen Sachtext stellen (76)
Im Frühling Seite 81–88 	Bild und Gedicht als Erzählanlass nutzen: über die eigenen Eindrücke vom Frühling sprechen (81); Rätsel lösen (83); Ideen für Spiele im Freien sammeln (84); Informationen über Frühlingsfeste und -bräuche einholen und vortragen (85); über Aprilscherze sprechen (85)	Sätze mit lautmalerischen Verben bilden (82); mit einem Rätsel einen Gegenstand beschreiben (83); ein Gedicht schreiben (83); Aufforderungssätze formulieren (84, 88); Umschreibungen für Teekesselwörter erfinden (86)
Unsere Welt Seite 89–96 	Bild und Gedicht als Erzählanlass nutzen: über die Erde und das Weltall sprechen (89); Wörter in verschiedenen Sprachen vergleichen (93); die Bedeutung von Vornamen erforschen (93); verschiedene Schriften kennen lernen (96)	W-Fragen (zu Orts- und Zeitangaben) zu einem Sachtext stellen und beantworten (90); Begleitsätze zu wörtlicher Rede schreiben (92); Aussagesätze mit wörtlicher Rede schreiben (95)
Mit Medien leben Seite 97–106 	Bild und Gedicht als Erzählanlass nutzen: über Computer und ihre Verwendung sprechen (97); über das Ergebnis einer Umfrage sprechen (98); Zeitungen und Zeitschriften untersuchen (99); Ideen für eine Schülerzeitung entwickeln, vorstellen und besprechen (100); einen Bericht bewerten und die eigene Meinung begründen (101); über Kriterien für ein gutes Interview sprechen (102); ein Interview nachspielen (102); eine Redaktionskonferenz durchführen (103)	Informationen aus einem Diagramm entnehmen (98); das Ergebnis einer Umfrage darstellen (98); eine Schlagzeile verfassen (99); einen Zeitungsartikel schreiben (99, 102); einen Arbeitsplan schreiben (100); einen Bericht überarbeiten (101); Interviewfragen aufschreiben (102); ein Werbeplakat erstellen (103); Werbesprüche verfassen (104); Bildunterschriften formulieren (106)
Für Krimiliebhaber und Gruselfans Seite 107–116 	Gedicht als Vortragsanlass nutzen: ein Gedicht mit Geräuschen gestalten (107); einen Auszug aus „Emil und die Detektive" nacherzählen (108); sich in eine andere Person hineinversetzen (108); durch genaues Lesen ein Rätsel lösen (110); Gespenstergeräusche vorstellen (111); Redewendungen erklären (112); Metaphern erraten und malen (112); Sprachspiele vorstellen (113); ein Gedicht auswendig lernen und vortragen (114)	einem literarischen Text Informationen entnehmen (108); ein Gespräch umschreiben (109); den Inhalt von Textstellen erfassen und diese Oberbegriffen zuordnen (109); aus verschiedenen Perspektiven und in verschiedenen Textsorten über ein Ereignis schreiben (110); zu einem Bild eine Gespenstergeschichte schreiben (111); Teile von Sprichwörtern zusammensetzen (112); eine Alliterationsgeschichte schreiben (113); eine Geschichte mit Qu-/qu-Wörtern schreiben (115)
Im Sommer Seite 117–124 	Bild und Gedicht als Erzählanlass nutzen: über Gefühle sprechen (117); einem Sachtext Informationen entnehmen (120); über Wetterregeln sprechen (121); Wörterrätsel lösen (122)	ein Bilderrätsel lösen (118); Aufforderungssätze bilden (118); eine Geschichte weiterschreiben (119); eine Wettergeschichte schreiben (123)
Bist du fit? Seite 125–133 		Wiederholung: Geschichten schreiben (133)

Regelmäßig wiederkehrende Anforderungen wie die Arbeit mit der Wörterkiste und dem Wörterbuch, das Lesen und Verstehen von Arbeitsanweisungen sowie die Arbeit mit den Sammelwörtern sind in der tabellarischen Übersicht nicht enthalten.

Sprache und Sprachgebrauch untersuchen	Rechtschreiben	Projekte/fächerübergreifende Ideen
Wortfelder erstellen (73); Zeitangaben markieren und erfragen (74, 75); Zeitangaben als Satzglieder kennen lernen (74); einen Satzbauplan erweitern (75); Sätze umstellen (75); Sätze mit Orts- und Zeitangaben bilden (75); Sätze mit Verben als Prädikaten bilden (78); Wortgruppen bilden (78); zusammengesetzte Nomen bilden und als Subjekte verwenden (79)	Wiederholung: Zeichensetzung bei wörtlicher Rede üben (73); Wiederholung: **Wörter mit h nach langem Vokal** Nomen nach Vokalen ordnen (78); Wortfamilien bilden (78); **Wörter ohne h nach langem Vokal:** Nomen mit langem Vokal bilden (79); Reimwörter finden (79); Wortbedeutung zur richtigen Schreibung nutzen (79); ein Übungsdiktat schreiben (79)	Bücher vorstellen; interessante Personen des Heimatortes in Interviews befragen und die Ergebnisse vorstellen; ein Quizspiel über Erfindungen anfertigen
Satzkerne mit Objekten, Orts- oder Zeitangaben ergänzen (82); Sätze umstellen (82); Fragesätze bilden (82); Verbformen im Imperativ bilden (84, 86); aus Nomen abgeleitete Verben bilden (86); Wortbedeutungen erschließen (Teekesselraten) (86); Adjektive richtig einsetzen (87); Wortbedeutung von „wieder" und „wider" erfassen (87); zusammengesetzte Nomen bilden (87)	Satzzeichen bei verschiedenen Satzarten üben (82); Wiederholung: **Wörter mit ie** Verben mit ie in verschiedene Zeitformen und Personalformen setzen (86); Wortfamilien bilden (87); ein Übungsdiktat schreiben (87)	eine Rätseltasche basteln; einen Frühlingstisch zusammenstellen; Frühlingsbasteleien herstellen: einen Flaschengarten anlegen; ein Türgedicht gestalten; Frühlingsgestecke/Fensterschmuck entwerfen und basteln
aus verwürfelten Satzgliedern Sätze bilden (91); Satzglieder umstellen (91); einen Satzbauplan zeichnen (91); zusammengesetzte Nomen bilden (94); gegenteilige Adjektive finden (94); Wörter nach Wortfamilien ordnen (95); verwandte Nomen bilden (95); Sätze bilden (95)	Zeichensetzung bei wörtlicher Rede üben (92, 93, 95); Wiederholung: **Wörter mit ck** Verben mit ck in verschiedene Personalformen und in das Präteritum setzen (94); Verben mit ck trennen (94); Wortgruppen bilden oder Reime finden (94); Wiederholung: **Wörter mit tz und z** Verben mit tz trennen (95); verwandte Nomen bilden (95); Sätze bilden (95); ein Übungsdiktat schreiben (95)	ein Weltraumprojekt planen und durchführen: Sterne und Planeten basteln; eine Sternwarte besuchen; eine Mappe mit Informationen zu den Planeten anlegen; chinesische Schriftzeichen und ägyptische Hieroglyphen malen
Fachbegriffe aus dem Bereich „Zeitung" kennen lernen (99); die Endungen -ig, -lich und -isch bei Adjektiven ergänzen (104); verwandte Wörter finden (104); abgeleitete Adjektive bilden (104); Adjektive steigern (104); aus Verben Nomen auf -ung bilden (104); Nomen auf -nis, -heit und -keit bilden (105); aus dem Sinnzusammenhang fehlende Wörter in Texten ergänzen (106)	**Wörter mit Nachsilben:** die Endungen -ig, -lich und -isch bei Adjektiven ergänzen (104); abgeleitete Adjektive bilden (104); Nomen auf -nis in den Plural setzen (105); Zeichensetzung bei wörtlicher Rede üben (105); ein Übungsdiktat schreiben (105)	eine Schülerzeitung planen und herstellen; Interviews planen und durchführen; eine Zeitungsredaktion besuchen; ein Zeitungsquiz durchführen
spielerisch mit Sprache umgehen (Redewendungen, Sprichwörter, Metaphern, Alliterationen, Worträtsel, Anagramme, Ober- und Unterbegriffe) (112, 113); Wörterrätsel lösen (115); Wörter nach dem Alphabet ordnen (115)	Zeichensetzung bei wörtlicher Rede üben (109); **Wörter mit chs, cks, ks, x:** einen Text ergänzen (114); Wörter in eine Tabelle einordnen (114); Wörter Wortfamilien zuordnen (114); **Wörter mit Qu/qu:** Wörter nach dem Alphabet ordnen (115); einen verwürfelten Text richtig abschreiben (115); ein Übungsdiktat schreiben (115)	Kinderkrimis lesen und vorstellen; Detektivgeschichten schreiben und gestalten; Sprachspiele sammeln oder erfinden; Fingerabdrücke abnehmen und vergleichen
Sätze im Imperativ bilden (118); aus Buchstaben Wörter bilden (118); Nomen in den Genitiv setzen (118); Wörter den Sinnen zuordnen (119); Verben den passenden Nomen zuordnen und in das Präteritum setzen (119); mit den Konjunktionen „weil", „denn" und „damit" Sätze verbinden (120); fallrichtiges Schreiben (121); Verben in die 2. Person Singular Präteritum und Perfekt setzen (122, 123); aus Verben Nomen mit -ung und -in/-innen ableiten (122); gegenteilige Adjektive finden (123)	Kommasetzung bei Aufzählungen üben (118); Kommasetzung bei Satzgefügen üben (120); Zeichensetzung bei wörtlicher Rede üben (121); Wiederholung: **Wörter mit doppeltem Mitlaut (Konsonanten)** zusammengesetzte Nomen bilden (122); Verben mit doppelten Konsonanten schreiben (122, 123); Nomen mit doppelten Konsonanten bilden (122); Adjektive mit doppelten Konsonanten schreiben (123); ein Übungsdiktat schreiben (123)	Feste zur Sommersonnenwende erkunden; Wetter- und Bauernregeln sammeln; ein Sommerfest planen und gestalten; eine Sonnenuhr basteln; ein Sonnenstrahlen-Plakat erstellen
Wiederholung: Nomen (126); Wiederholung: Adjektive (127); Wiederholung: Verben (128); Wiederholung: Satzarten und wörtliche Rede (130); Wiederholung: Satzglieder (131)	Wiederholung: Tipps und Tricks (Rechtschreibstrategien) (132)	

Textquellen

S.15 Borchers, Elisabeth: Es kommt eine Zeit („Oktober"; gek.). In: Großer Ozean. Gedichte für alle. Hrsg. von H.-J. Gelberg. Weinheim und Basel: Beltz & Gelberg 2000
S.25 Eichendorff, Joseph von: Die Nachtblume (gek.). In: Gedichte. Berlin: Duncker und Humblot 1837
S.31 Fühmann, Franz: Am Schneesee (gek.). In: Die dampfenden Hälse der Pferde im Turm von Babel. Rostock: Hinstorff Verlag 2005
S.32 Nöstlinger, Christine/Bauer, Jutta: Morgen habe ich Geburtstag (gek.). In: Ein und Alles. Ein Jahresbuch mit Geschichten, Bildern, Texten, Sprüchen, Märchen und einem Tagebuch-Roman. Weinheim und Basel: Beltz & Gelberg 1992
S.32 Pelz, Monika: I LOVE HIM SO! (gek.). Sweet Frufru. In: Gemeinsam sind wir unausstehlich. Aus: Geschichten rund um die Schule. Hrsg. von Wolfgang Wagerer. Wien: Herder Verlag 1989
S.33 Frank, Karlhans: Du bist anders als ich („Du und ich"; gek.). In: Vom Dach die Schornsteinfeger grüßen mit Taucherflossen an den Füßen. München: Franz Schneider Verlag 1987
S.34 Härtling, Peter: Ben hat Pech (Auszug aus „Ben liebt Anna"; frei nacherzählt). Weinheim und Basel: Beltz & Gelberg 1985
S.42 Metcalf, Robert: Anders als du. © by Robert Metcalf
S.43 Kaléko, Mascha: Die Pelzkappe voll mit schneeigen Tupfen („Der Winter"). Aus: ‚Die paar leuchtenden Jahre' © 2003 Deutscher Taschenbuch Verlag
S.45 Rodari, Gianni: Grünkäppchen (gek.). In: Ueberreuters großes Lach- und Schmunzelbuch. Deutsch von Ruth Wright. Zitiert in: Eva Kieffer: Lesen macht Spaß. München: Oldenbourg 1991
S.49 Krenzer, Rolf: Ein neues Jahr geht übers Land (gek.). In: Kommt, wir fangen einen Regenbogen. Freiburg: Herder Verlag 1997
S.53 Krüss, James: Es beißt nicht jede Qualle („Wie wir die Tiere nennen"; gek.). In: Ueberreuters großes Geschichtenbuch. Wien: Verlag Carl Ueberreuter 1986. Rechte bei James Krüss Erbengemeinschaft, Uetensen
S.55 Pott, Eckart: Ravensburger Tierlexikon von A–Z (Text über Fledermäuse, gek. und verändert). Ravensburg: Ravensburger Buchverlag 1993
S.58 Sieben Baby-Meerschweinchen („Asyl für sieben ‚Schneeschweinchen'"; gek.). In: Volksstimme, Dez. 2001
S.63 Ehrhardt, Monika: Kreuz und quer durch unser Land (gek.). Aus: CD Schlapps und Schlumbo. Europa (Sony) 2004
S.64 Voigts, Lene: De beeden Gäse. In: Lene Voigts Kochbuch. Leipzig: Connewitzer Verlagsbuchhandlung 2000
S.72 Kästner, Erich: Wie Eulenspiegel auf dem Seil tanzte (gek.). In: Till Eulenspiegel. Hamburg: Cecilie Dressler Verlag 1991
S.76 Menschenskinder! Auf sechs Seiten um die ganze Welt: Schweiz. Ein Brett reicht. In: GEOlino Nr. 2/2009. Hamburg: Gruner + Jahr 2009
S.77 Frankreich: In der ganzen Welt zu Hause. In: GEOlino Nr. 3/2004. Hamburg: Gruner + Jahr 2004
S.81 Uhland, Ludwig: Saatengrün, Veilchenduft („Lob des Frühlings"). In: Fränkel, Ludwig (Hrsg.): Werke Band 1. Leipzig/Wien: Bibliographisches Institut. o. J.
S.85 Gräfin Schönfeldt, Sibyl: Das Veilchenfest; 30. April – Walpurgisnacht. In: Feste und Bräuche durch das Jahr. Berlin: Urania 1999
S.89 Schöne, Gerhard: Erdenball (gek.). In: Großer Ozean. Gedichte für alle. Hrsg. von H.-J. Gelberg. Weinheim und Basel: Beltz & Gelberg 2000
S.97 Braem, Harald: Computerlied. In: Großer Ozean. Gedichte für alle. Hrsg. von H.-J. Gelberg. Weinheim und Basel: Beltz & Gelberg 2000
S.104 Manz, Hans: Ich. In: Die Welt der Wörter. Sprachbuch für Kinder und Neugierige. Weinheim und Basel: Beltz & Gelberg 1991
S.107 Rechlin, Eva: Über das Heulen von Eulen. In: Großer Ozean. Gedichte für alle. Hrsg. von H.-J. Gelberg. Weinheim und Basel: Beltz & Gelberg 2000
S.108 ff. Kästner, Emil: Emil und die Detektive (Auszüge, gek.). Zürich: Atrium Verlag 1929
S.113 Münchens mehrfache Meisterköchin; „Regal mit Sirup pur …". In: Kunterbuntes Sprachspielbuch. Freiburg: Herder Verlag 1979
S.116 Unverwechselbar/Fingerabdrücke. In: Das große Jugendbuch. Stuttgart: Das Beste 1997
S.117 Bydlinski, Georg: Ich sitze mit nackten Beinen („Wind und Gras", gek.). In: Wasserhahn und Wasserhenne. Wien: Dachs Verlag 2002
S.123 Manz, Hans: Wettergeschichte („Ein Regenschirm, ein Sonnenschirm"). In: Die Welt der Wörter. Sprachbuch für Kinder und Neugierige. Weinheim und Basel: Beltz & Gelberg 1991

Bildquellen

S.5 Tourist-Information Lutherstadt Wittenberg
S.8 Aus: Schiffler, Horst/Winkeler, Rolf: Tausend Jahre Schule. Freiburg: Belser Verlag
S.15 Gerhard Medoch (Collage)
S.17 OKAPIA/Manfred Danegger
S.24 Superbild HAGA II
S.25 Caspar David Friedrich: Mondaufgang am Meer. Cornelsen Verlagsarchiv
S.29 SOS-Kinderdorf-Verlag, Innsbruck 1998
S.33 Basketballspiel: ullstein bild/Himsel/intro; Kinder vor Karte: Profilfoto Marek Lange, Berlin; alle anderen: Cornelsen Verlagsarchiv
S.34 Peter Härtling: Ben liebt Anna. Beltz & Gelberg Verlagsgruppe
S.36 picture-alliance/dpa/Alina Nowopaschina
S.43 Gerhard Medoch
S.44 Die schönsten Märchen der Brüder Grimm/H. Ch. Andersen erzählt Wintermärchen: Esslinger Atelier; Wilhelm Hauff: Die schönsten Märchen: Krone Verlag
S.48 Hans Fallada, Lüttenweihnachten/Illustrationen von Willi Glasauer. Aufbau Verlag Berlin, 2. Auflage 2006
S.49 HAG
S.53 Gerhard Medoch (Collage)
S.56 Dietz, Helversen, Nill: Handbuch der Fledermäuse Europas und Nordwestafrikas. Franckh-Kosmos
S.59 Wikipedia/GNU/Margot Albrecht
S.63 Sanssouci: © Stiftung Preußische Schlösser und Gärten Berlin-Brandenburg; Schiffshebewerk: Bundeswasserstraßenamt/Pressebild; Brockenhexe/Quedlinburg: Tourismus-Marketing GmbH, Sachsen-Anhalt; Seebrücke: Hotel Maritim, Usedom; Brandenburger Tor: Pressedienst Paul Glaser, Berlin; Rasender Roland: Rügen-Tourist/Pressefoto; Wartburg: Cornelsen Verlagsarchiv; Berlin-Fernsehturm: TU-Berlin/Berlin; Frauenkirche: Wikipedia/GNU/Münch; Elbdampfer: Elbeschifffahrt Dresden; Quedlinburg Markt: Cornelsen Verlagsarchiv
S.71 Eulenspiegel: akg-images, Berlin; Pippi Langstrumpf: Cornelsen Verlagsarchiv
S.74 Picture-alliance/dpa – Fotoreport
S.76 GEOlino
S.77 GEOlino Nr. 3/2004
S.80 Torsten Schenk, Werneuchen
S.81 Amsel: Fotolia.com/Brian Lambert; Zweig: Fotolia.com/Andrej Gudets
S.89 Mond/Erde: NASA/JPL/Gov.
S.90 Stonehenge: Wikipedia/CC/Operarius; Nebra: Landesmuseum für Ur- und Frühgeschichte, Sachsen-Anhalt; Gagarin: Deutsches Raumfahrtmuseum Morgenröthe-Rautenkranz; Mondlandung: NASA/JPL/Gov.
S.96 chinesische Schriftzeichen: Aus: Sag mir, wo der Pfeffer wächst. Münster: Ökotopia Verlag
S.97 Konrad Zuse: picture-alliance/dpa; Großrechner: Fotolia.com/Marzanna Syncerz; PC mit Tower: Fotolia.com/Feng Yu; Frau mit Laptop: Fotolia.com/Udo Bojahr; E-Book: Fotolia.com/Soundsnaps
S.99 Tanja Stock, Aachen
S.107 Gerhard Medoch (Collage)
S.108 f. Aus: Kästner, Erich: Emil und die Detektive/illustriert von Walter Trier. Hamburg: Cecilie Dressler Verlag
S.116 Illustration Fingerabdrücke. Aus: Das große Jugendbuch. Stuttgart: Das Beste
S.117 picture-alliance/Bildagentur Huber/R.Schmid